マンガ

平《ひら》生《お》釟《はち》三《さぶ》郎《ろう》

正《ただ》しく 強《つよ》く 朗《ほが》らかに

平《ひら》生《お》漫《まん》画《が》プロジェクト 編著《へんちょ》

幻冬舎MC

ほーたーるのひーかーりー
甲南小学校
卒業式
まどーのゆきー…
パチパチ
平生釟三郎先生《ひらおはちさぶろうせんせい》…
あなたの作《つく》った
学校《がっこう》からは何百人《なんびゃくにん》…
いや何千人《なんぜんにん》という子《こ》どもたちが
巣立《すだ》っていきましたぞ

1938（昭和《しょうわ》13）年《ねん》
7月《がつ》5日《か》
阪神大水害《はんしんだいすいがい》
あの水害《すいがい》は…
小学校《しょうがっこう》ができて
26年目《ねんめ》のこと
だった…
旧制甲南高等学校《きゅうせいこうなんこうとうがっこう》
おーい
おーい!!
甲南学園《こうなんがくえん》の創立者《そうりつしゃ》　平生釟三郎《ひらおはちさぶろう》
バシャッ!!

ベットリ…
ペッ
常ニ備ヘヨ
平生釟三郎
ワーッ
ワ
ワ
フフフ…
平生先生《ひらおせんせい》
あなたの蒔《ま》いた
日本《にほん》をよくする種《たね》は
教育《きょういく》だけでなく
実業《じつぎょう》にも学問《がくもん》・芸術《げいじゅつ》・政治《せいじ》にも
いろんなところで
芽《め》を出《だ》しているようです

先生《せんせい》…
民間人《みんかんじん》としてはめずらしい文部大臣《もんぶだいじん》
70歳《さい》
東京海上保険《とうきょうかいじょうほけん》ロンドン支店長《してんちょう》
32歳《さい》
私費《しひ》による育英事業《いくえいじぎょう》を開始《かいし》
46歳《さい》
川崎造船所社長《かわさきぞうせんじょしゃちょう》として会社再建《かいしゃさいけん》
67歳《さい》
経済使節団長《けいざいしせつだんちょう》としてブラジル訪問《ほうもん》

甲南病院《こうなんびょういん》を設立《せつりつ》し理事長《りじちょう》に就任《しゅうにん》
65歳《さい》
69歳《さい》
平生先生《ひらおせんせい》…
世界《せかい》に通用《つうよう》する紳士淑女《しんししゅくじょ》たれ…か

ザザザ
ザッ

目次《もくじ》

第1章

向《こう》上《じょう》心《しん》が学《まな》ぶ喜《よろこ》びへ

貧《まず》しい武士《ぶし》の家《いえ》に生《う》まれて

1866（慶応《けいおう》2）年《ねん》
※美濃国加納《みののくにかのう》
……
これは田中様《たなかさま》
お子《こ》はもう生《う》まれましたか?
屋敷《やしき》にいても落《お》ち着《つ》かんのでな散歩《さんぽ》しておるのよ
…ではまたな
いや まだなんじゃ
何人目《なんにんめ》でも子《こ》が生《う》まれるのは緊張《きんちょう》するでな
立派《りっぱ》なお侍《さむらい》さまじゃな～
ほんにのう…
同《おな》じ百姓《ひゃくしょう》の出《で》とは思《おも》えんのう…

※美濃国《みののくに》…岐阜県《ぎふけん》の南部《なんぶ》を占《し》める旧国名《きゅうこくめい》。東山道《とうさんどう》8か国《こく》の一《ひと》つ。

父《ちち》・田中時言《たなかときのり》は
美濃国加納藩高田《みののくにかのうはんたかだ》
今《いま》でいう岐阜市高田《ぎふしたかだ》の
庄屋《しょうや》の三男《さんなん》として
生《う》まれた
岐阜県《ぎふけん》
高田《たかだ》
武士《ぶし》になりたかった時言《ときのり》は
永井藩《ながいはん》の名門《めいもん》
田中家《たなかけ》の婿《むこ》に
迎《むか》えられていた
城下町《じょうかまち》
ガヤ ガヤ
なんだぁ! オレたちに飲《の》ませる酒《さけ》は無《ね》えってのか!
ニヤニヤ
おっ お助《たす》けを・・・
やめんか!!
なっ なんだ てめぇは ・・・!?

おっ おぼえてろよ！
なんと たわいない…
ありがとうございます…
時言《ときのり》は農家《のうか》の生《う》まれであったが
長《なが》く続《つづ》いた武家社会《ぶけしゃかい》の中《なか》で本当《ほんとう》の武士道《ぶしどう》を忘《わす》れつつあった武士《ぶし》よりよっぽど「サムライ魂《だましい》」の持《も》ち主《ぬし》であった
いま帰《かえ》ったぞ
旦那様《だんなさま》 生《う》まれましたよ！
立派《りっぱ》な男《おとこ》の子《こ》の赤《あか》ちゃんが！
本当《ほんとう》か！

よく
頑張《がんば》ったな
あなた…
抱《だ》いてやってくださいな
おお
よい面構《つらがま》えじゃ
名《な》はもう決《き》めてあるぞ
田中《たなか》
釟三郎《はちさぶろう》じゃ!!
キャッキャッ
1866(慶応《けいおう》2)年《ねん》
美濃国加納《みののくにかのう》で　田中時言《たなかときのり》の三男《さんなん》として
釟三郎《はちさぶろう》が生《う》まれる
釟三郎《はちさぶろう》の一歳下《いっさいした》には夏目漱石《なつめそうせき》や
幸田露伴《こうだろはん》といった明治《めいじ》の文豪《ぶんごう》
俳人《はいじん》の正岡子規《まさおかしき》　博物学者《はくぶつがくしゃ》の南方熊楠《みなかたくまぐす》がいた
正岡子規《まさおかしき》
南方熊楠《みなかたくまぐす》
夏目漱石《なつめそうせき》
幸田露伴《こうだろはん》

1868（慶応《けいおう》4）年《ねん》
※戊辰戦争《ぼしんせんそう》
このころ日本《にほん》は新政府軍《しんせいふぐん》と旧幕府軍《きゅうばくふぐん》が争《あらそ》う内戦状態《ないせんじょうたい》にあった
時言《ときのり》のいる永井藩《ながいはん》は新政府軍《しんせいふぐん》に味方《みかた》して旧幕府軍《きゅうばくふぐん》と戦《たたか》い時言《ときのり》も砲兵隊長《ほうへいたいちょう》として戦場《せんじょう》に出《で》ていた
うわぁ！
ズドーン
ひるむなっ撃《う》てい!!
ズドドン
ドゴゴゴ
時言様《ときのりさま》！
敵《てき》の一翼《いちよく》が崩《くず》れましたぞ！
ここが攻撃《こうげき》の好機《こうき》じゃ！
我《わ》が部隊《ぶたい》に告《つ》げる！

※戊辰戦争《ぼしんせんそう》…1868（慶応《けいおう》4/明治元《めいじがん》）年《ねん》～1869（明治《めいじ》2）年《ねん》。王政復古《おうせいふっこ》の大号令《だいごうれい》によって成立《せいりつ》した新政府《しんせいふ》が、幕府《ばくふ》勢力《せいりょく》（佐幕派《さばくは》）を一掃《いっそう》した内戦《ないせん》。鳥羽《とば》・伏見《ふしみ》の戦《たたか》いが最初《さいしょ》。

サッ
このまま一気《いっき》に突《つ》き進《すす》め！
オオッ!!
戦《たたか》いは新政府軍《しんせいふぐん》の勝利《しょうり》に終《お》わる
徳川幕府《とくがわばくふ》は倒《たお》れ
新《あたら》しい時代《じだい》が訪《おとず》れようとしていた…
茶処
ゴクリ…
何《なん》じゃ饅頭《まんじゅう》が欲《ほ》しいのか
良《よ》かろう
ほれ！
食《く》ってみよ!!
ヒャー！
……
食《く》うてもいいんじゃな？

アーーン
パク
ははは大胆《だいたん》なやつじゃ!!
モグモグ
小僧《こぞう》！
名《な》は何《なん》と言《い》う？
田中《たなか》
ハッチャブロー!!
後《のち》の平生《ひらお》釟三郎《はちさぶろう》
新《あたら》しい時代《じだい》は
元武士《もとぶし》たちにとって
決《けっ》して楽《らく》なもの
ではなかった
父《ちち》・時言《ときのり》も
傘《かさ》の骨《ほね》を削《けず》っては
生活費《せいかつひ》としていた
庭《にわ》に野菜《やさい》や
麦《むぎ》を作《つく》って
家計《かけい》の足《た》しにしていた

ただ時言《ときのり》は
子《こ》どもたちに対《たい》して
武士《ぶし》の精神《せいしん》だけは
厳《きび》しく教《おし》え込《こ》んだ
もっと
力《ちから》を込《こ》めて!
ビュッ ビュ
銃次郎《じゅうじろう》が
おらんな・・・
やーい
ひっかかったー
釟三郎《はちさぶろう》の兄《あに》 銃次郎《じゅうじろう》
あやつ
落《お》とし穴《あな》とは!
ひどいよ
ははは
なんと
卑劣《ひれつ》な!
銃次郎《じゅうじろう》! 待《ま》てい!
ちっ
父上《ちちうえ》!

だまし討《う》ちは武士《ぶし》として最《もっと》も恥《は》ずべきことだ！
そんなろくでなしはわしの子《こ》ではない！お前《まえ》を打《う》ち首《くび》にするそこに座《すわ》れ!!
ひっ ひぃ‥‥！
どうか許《ゆる》してあげてください！
母上！
バッ
さあ銃次郎《じゅうじろう》も父上《ちちうえ》に謝《あやま》るのです！
お許《ゆる》しくださいお父上《ちちうえ》！もう二度《にど》といたしません‥‥！
ガバッ
……
釟三郎《はちさぶろう》にとって一生忘《いっしょうわす》れることのできない出来事《できごと》だった

加納小学校

明治時代《めいじじだい》の小学校《しょうがっこう》って?

1872(明治《めいじ》5)年《ねん》の学制発布《がくせいはっぷ》により、日本《にほん》で初《はじ》めての近代的《きんだいてき》な学校制度《がっこうせいど》ができ、すべての国民《こくみん》が小学校《しょうがっこう》に通《かよ》えるようになりました。

義務教育《ぎむきょういく》ははじめ8年《ねん》でしたが、当時子《とうじこ》どもは貴重《きちょう》な労働力《ろうどうりょく》だったという社会情勢《しゃかいじょうせい》から4年《ねん》となり、1907(明治《めいじ》40)年《ねん》には6年《ねん》になりました。

義務教育《ぎむきょういく》が原則無償《げんそくむしょう》となったのは1900(明治《めいじ》33)年《ねん》からで、1873(明《めい》治《じ》6)年《ねん》に28%ほどだった就学率《しゅうがくりつ》も、明治《めいじ》の終《お》わりには98%にまで上《あ》がりました。

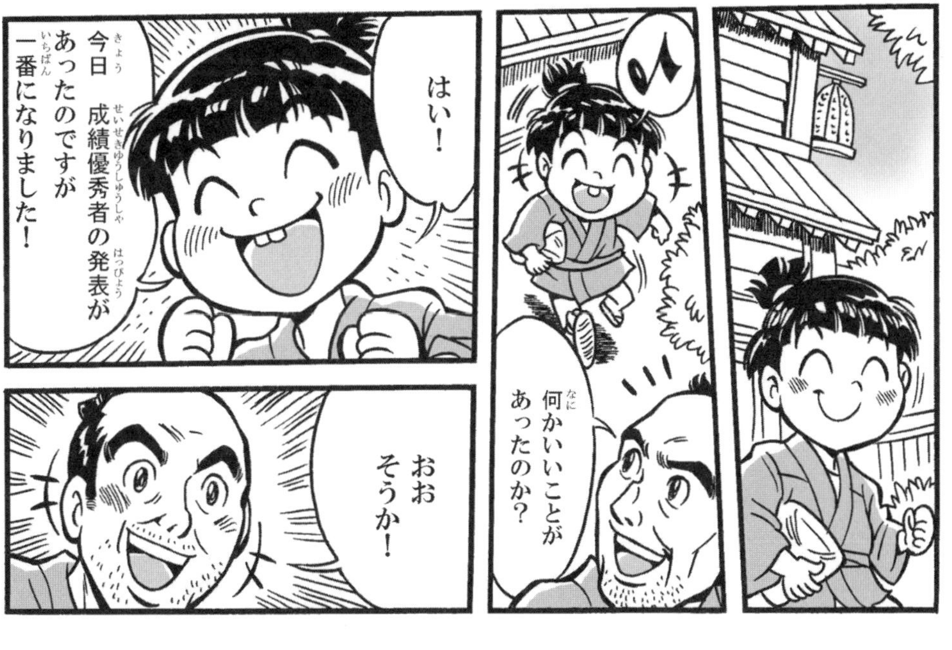
何《なに》かいいことがあったのか?
はい!
今日《きょう》 成績優秀者《せいせきゆうしゅうしゃ》の発表《はっぴょう》があったのですが一番《いちばん》になりました!
おお そうか!

ワイワイ
さすがはわしの子《こ》じゃ!
でかしたぞ!
フフフ…
やがては釟三郎《はちさぶろう》も小学校《しょうがっこう》を終《お》えて中学《ちゅうがく》に進《すす》む年齢《ねんれい》になる
時言《ときのり》は何《なん》としても釟三郎《はちさぶろう》を進学《しんがく》させたかった
数年後《すうねんご》
田中
釟三郎《はちさぶろう》
中学《ちゅうがく》に進《すす》みたいか?
はい!
釟三郎《はちさぶろう》

ただうちには
そんなお金《かね》が…
わかった
確《たし》かにうちは貧《まず》しい
でも何《なん》とか
※50銭《せん》の月謝《げっしゃ》だけは
払《はら》ってやろう
しかし
教科書《きょうかしょ》までは買《か》って
やれないんだが…
大丈夫《だいじょうぶ》です!
友《とも》だちに
見《み》せてもらいます
から!
そうか…
だがうちは
食《た》べていくにも
事欠《ことか》く有《あ》りさま…
弁当《べんとう》も
持《も》たせてやれんかも
知《し》れんぞ!
かまいません!
学校《がっこう》に行《い》かせて
もらえるだけでも
うれしいです!

※50銭《せん》…釟三郎《はちさぶろう》が中学《ちゅうがく》に入学《にゅうがく》した1879（明治《めいじ》12）年当時《ねんとうじ》の50銭《せん》は、現在《げんざい》の約《やく》3,500円《えん》に相当《そうとう》する。

すまんな釟三郎《はちさぶろう》・・・
岐阜中学校
では昼食《ちゅうしょく》にしましょう
わいわい
ムシャムシャ
カリ
カリ

クゥ〜〜
ムシャムシャ
ゴクッ…
腹減《はらへ》ったなぁ…
いかんいかん!
ゴチッ!
今《いま》のうちに教科書《きょうかしょ》を暗記《あんき》しないと!
半年後《はんとしご》
先日《せんじつ》の試験《しけん》の結果《けっか》を発表《はっぴょう》するが
何《なん》と、うちのクラスに学年《がくねん》2番《ばん》がいます!
田中釟三郎君《たなかはちさぶろうくん》
ハイ!
よく頑張《がんば》ったね
おめでとう

お父上《ちちうえ》！
どうしたのじゃ
やりましたよ父上《ちちうえ》！
学年《がくねん》2番《ばん》になりました！
上位《じょうい》3名《めい》は特別《とくべつ》に1年上《ねんうえ》に進《すす》めるそうです！
なんと！
そりゃすごい！
でかしたぞ釟三郎《はちさぶろう》！
い、痛《いた》いですよ父上《ちちうえ》・・・
わははは
どうしました？
釟三郎《はちさぶろう》がやりおったぞ！
こうして1年上《ねんうえ》の者《もの》たちと同《おな》じクラスに
じっ
？
負《ま》けないぞ！

学《まな》べる喜《よろこ》びを謳歌《おうか》

バサ
新聞《しんぶん》
借《か》りていきますね
おう
釟三郎《はちさぶろう》勉強《べんきょう》しろよ
はい!
近所《きんじょ》でこの家《いえ》だけが新聞《しんぶん》をとっていた
釟三郎《はちさぶろう》は2~3日前《にちまえ》の読《よ》み終《お》わった新聞《しんぶん》を借《か》りてきては それを読《よ》むようにしていた
田中
わが国《くに》は商工業《しょうこうぎょう》を盛《さか》んにし、外国貿易《がいこくぼうえき》で豊《ゆた》かにならなければならない
確《たし》かにそうだ
これからは貿易《ぼうえき》を勉強《べんきょう》したほうがいい

そのためには…
中学《ちゅうがく》に進《すす》んだ釟三郎《はちさぶろう》だったが
学費《がくひ》に苦《くる》しむ
父《ちち》の姿《すがた》を見《み》るのは
心苦《こころぐる》しかった…
釟三郎《はちさぶろう》は横浜《よこはま》に行《い》き
働《はたら》きながら勉強《べんきょう》することを
決意《けつい》し父《ちち》に告《つ》げた
父《ちち》も賛成《さんせい》してくれた
15年間《ねんかん》住《す》み慣《な》れた
加納《かのう》を後《あと》にして
木曽川《きそがわ》を下《くだ》る
ことになった
四日市港《よっかいちこう》から
外洋船《がいようせん》で
太平洋《たいへいよう》に出《で》て
横浜《よこはま》へ行《い》く
釟三郎《はちさぶろう》
真《ま》っ直《す》ぐに進《すす》め
決《けっ》して横道《よこみち》に入《はい》るでないぞ

ギギィ
ギギギ
真《ま》っ直《す》ぐに進《すす》め
決《けっ》して横道《よこみち》に入《はい》るで
ないぞ…
…そのお言葉《ことば》
胸《むね》に刻《きざ》んでおきます!
ギギギ
四日市港《よっかいちこう》
ボーッ

黄龍丸
ズザザザ…
うわぁ！
これが海《うみ》か！
どこまでも
続《つづ》いているみたいだ
…広《ひろ》いなぁ
釟三郎《はちさぶろう》が
海《うみ》を見《み》たのは
これが初《はじ》めてだった
横浜《よこはま》から東京《とうきょう》・湯島《ゆしま》
周徳舎
ザッ
うわ！
ズラッ

たくさんいるんだなー
ポカーン
横浜《よこはま》に着《つ》いた釟三郎《はちさぶろう》は、東京《とうきょう》・湯島《ゆしま》にある私塾《しじゅく》に通《かよ》うことになった ここで生活《せいかつ》しながら、勉強《べんきょう》も教《おし》えてもらうのだ
みんな熱心《ねっしん》だな
頑張《がんば》らないと
冬《ふゆ》
びぇっくしょーん!
ドキッ
うう寒《さむ》い…
ガタ
ガタ
この寒《さむ》いのに火鉢《ひばち》もないとは…
ガタ
田中《たなか》眠《ねむ》れ!
眠《ねむ》れば寒《さむ》さも忘《わす》れるぞ!
よく眠《ねむ》れるなぁ…
ガタ
…凍死するぞ…
ガタ

夏《なつ》
悪《わる》いねぇ
ソーリー
モウ ウェイター イラナイネ
給仕《きゅうじ》はもう 間《ま》に合《あ》ってる んだよ
働《はたら》きながら勉強《べんきょう》すると 誓《ちか》ったはずが 仕事《しごと》も なかなか決《き》まらず 釟三郎《はちさぶろう》は上《うえ》の兄《あに》・譲《ゆずる》の 援助《えんじょ》で暮《く》らしていた
そのことが 心苦《こころぐる》しく やがて 勉強《べんきょう》にも身《み》が 入《はい》らなくなるの だった…
ゴロ…
もう どうでもいいや…
おい 田中《たなか》!
故郷《こきょう》から 手紙《てがみ》が来《き》てるぞ
ガバッ
父上《ちちうえ》から!?

お前《まえ》は小学校《しょうがっこう》の
ころから
成績優秀《せいせきゆうしゅう》だったから
きっと学業《がくぎょう》で
成功《せいこう》するだろう
父《ちち》にかわって
偉《えら》くなってくれ
真《ま》っ直《す》ぐに
進《すす》め！
ポタッ
決《けっ》して横道《よこみち》に
入《はい》るでないぞ！
父上《ちちうえ》…
私《わし》はくじけて
しまうところでした
もう一度《いちど》
頑張《がんば》ってみます！
そんな時《とき》
新聞《しんぶん》を読《よ》んでいた
釟三郎《はちさぶろう》の目《め》に公告《こうこく》が
飛《と》び込《こ》んでくる

※給費生《きゅうひせい》…授業料《じゅぎょうりょう》、教科書代《きょうかしょだい》などが免除《めんじょ》され、食費《しょくひ》・寮費《りょうひ》などが支給《しきゅう》される学業成績《がくぎょうせいせき》・人物《じんぶつ》ともに優秀《ゆうしゅう》な学生《がくせい》。釟三《はちさぶ》郎《ろう》は国《くに》より月《つき》5円《えん》（現在《げんざい》の約《やく》25,000円《えん》）を支給《しきゅう》されていた。

合格者
田中釟三郎
やった！
やりました
父上《ちちうえ》！
君《きみ》も合格《ごうかく》したのかい？
このときの同級生《どうきゅうせい》に長谷川辰之助《はせがわたつのすけ》という青年《せいねん》がいた
よろしく！
よろしく！
がしっ
釟三郎《はちさぶろう》と辰之助《たつのすけ》はクラスでも成績《せいせき》の1、2番《ばん》を争《あらそ》っていた
だが長谷川《はせがわ》は外国語学校《がいこくごがっこう》に入《はい》ったときすでに文学《ぶんがく》で生《い》きることを決《き》めていた
やがて学校《がっこう》を中退《ちゅうたい》し小説家《しょうせつか》の道《みち》を歩《あゆ》み始《はじ》める

余談《よだん》だが
二葉亭四迷《ふたばていしめい》の第一作《だいいっさく》『浮雲《うきぐも》』は新《あたら》しい時代《じだい》の小説《しょうせつ》として高《たか》い評価《ひょうか》を受《う》けた
そんな彼《かれ》のペンネームには面白《おもしろ》いエピソードが残《のこ》されている
文学《ぶんがく》に理解《りかい》のなかった父《ちち》の言葉《ことば》に由来《ゆらい》する
私《わたし》は小説家《しょうせつか》になります
夢《ゆめ》みたいなこといってんじゃあねぇ!
この親不孝者《おやふこうもの》が!
くたばってしまえ!
ドン
くたばってしまえ…くたばってしめえ…うん! 二葉亭四迷《ふたばていしめい》にしよう!
ニヤ
長谷川辰之助《はせがわたつのすけ》 後《のち》の二葉亭四迷《ふたばていしめい》である
四迷《しめい》の小説《しょうせつ》が売《う》れない時代《じだい》に釟三郎《はちさぶろう》は生活《せいかつ》の援助《えんじょ》を惜《お》しまなかった

あと一年《いちねん》で卒業《そつぎょう》というときになって大事件《だいじけん》がおこる
ざわざわ
?
何《なに》かあったのか?
あの立《た》て札《ふだ》だよ!
語学部《ごがくぶ》が廃止《はいし》になり給費生《きゅうひせい》の制度《せいど》もなくなるんだと
ざわ
ガーン
なんだって!
なんてこった これからどうしたら…
東京外国語学校《とうきょうがいこくごがっこう》のロシア語《ご》・韓国語《かんこくご》・中国語《ちゅうごくご》の3科《か》は東京商業学校《とうきょうしょうぎょうがっこう》の語学部《ごがくぶ》となったが翌年廃止《よくねんはいし》となる
それに合《あ》わせて 給費生《きゅうひせい》の制度《せいど》もなくなり釟三郎《はちさぶろう》は寮《りょう》を追《お》い出《だ》されることになった
塩

はぁ
大隈重信
釟三郎《はちさぶろう》は学費《がくひ》を捻出《ねんしゅつ》するため飛《と》び回《まわ》るがことごとく失敗《しっぱい》してしまう
そのとき手《て》を差《さ》し伸《の》べてくれたのが父《ちち》 時言《ときのり》の友人《ゆうじん》の遠縁《とおえん》にあたる平生忠辰《ひらおただたつ》という人物《じんぶつ》であった
平生忠辰《ひらおただたつ》は岐阜《ぎふ》区《く》裁判所《さいばんしょ》の判事補《はんじほ》だった
平生
田中釟三郎《たなかはちさぶろう》さんですね
父《ちち》から話《はなし》は伺《うかが》っております
父《ちち》のところまで御案内《ごあんない》します
あの…どうかしましたか
カ～
いやあまりにお美《うつく》しいので見《み》とれてしまいました
ポ
まあお上手《じょうず》ですこと…

いえ！あなたは本当《ほんとう》にお美《うつく》しい！
ドキ
はっ
わっ！何《なに》言《い》ってるんだ私《わたし》は！
お父上《ちちうえ》に用事《ようじ》がありますので！
私《わたし》はこれで！
……
君《きみ》のお父様《とうさま》は真面目《まじめ》な人《ひと》だそうだね
その息子《むすこ》さんだから君《きみ》のことも信用《しんよう》しよう
どうだろう、将来《しょうらい》うちの娘《むすめ》と結婚《けっこん》してくれないか
そうすれば君《きみ》の学費《がくひ》を払《はら》ってあげよう
平生忠辰《ひらおただたつ》
何《なに》を言《い》い出すのお父様《とうさま》！
いやなのかい
そういうわけじゃないけど
ポッ

悪《わる》い話《はなし》じゃ ないと思《おも》うが
どうだね？
つまり 養子《ようし》になれと…
…はい よろこんでお受《う》け します
ただ、二《ふた》つだけ お願《ねが》いがあります
聞《き》いていただけ ますか？
何《なん》だね、言《い》ってごらん
一《ひと》つは、僕《ぼく》が平生家《ひらおけ》に入《はい》っても 実家《じっか》である田中家《たなかけ》を援助《えんじょ》 するのは認《みと》めてほしいのです
もちろん かまわないよ
もう一《ひと》つは？
学校《がっこう》を卒業《そつぎょう》した後《あと》、
僕《ぼく》がどのような 職業《しょくぎょう》に就《つ》いても お許《ゆる》しください
わかった 私《わたし》の跡《あと》を継《つ》いで 判事補《はんじほ》になれなどとは 言《い》わないよ
この後《あと》 釟三郎《はらさぶろう》は平生家《ひらおけ》はもちろん 田中家《たなかけ》も面倒《めんどう》を見《み》つづけた

わはは
よし決《き》まりだ
本当《ほんとう》に良《よ》かった！
すみません父《ちち》が強引《ごういん》に…
いえ私《わたし》こそあなたの気持《きも》ちも考《かんが》えずに…
東京商業学校
いえ、あちこち頼《たの》んだのですが
東京商業学校《とうきょうしょうぎょうがっこう》
校長《こうちょう》　矢野二郎《やのじろう》
すべてダメでしたので養子《ようし》にいくことにしました
校長室
田中君《たなかくん》
学資《がくし》のメドはたったのかね？
なんだって！
君《きみ》は成績《せいせき》も優秀《ゆうしゅう》だしぜひとも学《まな》びつづけてほしいと思《おも》っている！
もし、どうしても学費《がくひ》が出せないようだったら
先《さき》に私《わたし》に相談《そうだん》に来《く》るべきじゃないか！
ドン

卒業《そつぎょう》までは私《わたし》の力《ちから》で
給費生《きゅうひせい》にしてあげようと
考《かんが》えていたのに
それくらいは
させてくれ
私《わたし》が軽率《けいそつ》でした！
このご恩《おん》
一生忘《いっしょうわす》れません！
矢野《やの》は学業優秀《がくぎょうゆうしゅう》なだけでなく
真面目《まじめ》で正義感《せいぎかん》の強《つよ》い
釟三郎《はちさぶろう》のような若者《わかもの》が
これからの日本《にほん》を支《ささ》えていく
だろうと確信《かくしん》していた
父上へ
よい師《し》に
出会《であ》えたな
たとえ養子《ようし》になったとしても
校長《こうちょう》のご厚意《こうい》で卒業《そつぎょう》まで
給費生《きゅうひせい》にしてもらえることは
その家《いえ》の負担《ふたん》を減《へ》らせるので
有《あ》り難《がた》いことだ…
※東京商業学校《とうきょうしょうぎょうがっこう》
（現一橋大学《げんひとつばしだいがく》）時代《じだい》は
勉強《べんきょう》にスポーツに
思《おも》う存分楽《ぞんぶんたの》しんだ
ファイト！
ファイト！

※東京商業学校《とうきょうしょうぎょうがっこう》…1887年高等商業学校《ねんこうとうしょうぎょうがっこう》に改編後《かいへんご》、1902年東京高等商業学校《ねんとうきょうこうとうしょうぎょうがっこう》に改称《かいしょう》。1920年大学令《ねんだいがくれい》に基《もと》づき東京《とうきょう》商科大学《しょうかだいがく》に昇格後《しょうかくご》、一時《いちじ》は東京産業大学《とうきょうさんぎょうだいがく》と改称《かいしょう》。1949年学制改革《ねんがくせいかいかく》により現《げん》一橋大学《ひとつばしだいがく》となった。

ファイト！
よし
こい！
カキー
ホームランだ！
文化祭《ぶんかさい》では
And you, Brutus?
（ブルータス
お前《まえ》もか）
シェイクスピア
「ジュリアス・シーザー」
？
パチパチ
卒業式
周囲《しゅうい》の助《たす》けによって学校《がっこう》を
卒業《そつぎょう》した釟三郎《はちさぶろう》は
教育《きょういく》の大切《たいせつ》さを強《つよ》く思《おも》った
おい平生《ひらお》！

ここの付属学校《ふぞくがっこう》の教師《きょうし》になるんだって？
ああ
経済学《けいざいがく》と英語《えいご》を教《おし》えるんだ
1890（明治《めいじ》23）年《ねん》7月《がつ》釟三郎《はちさぶろう》は25歳《さい》で高等商業学校《こうとうしょうぎょうがっこう》付属《ふぞく》主計学校《しゅけいがっこう》の助教諭《じょきょうゆ》に就任《しゅうにん》した
起立《きりつ》！
バ

第2章

実業家《じつぎょうか》として、教育者《きょういくしゃ》として

韓国《かんこく》へ。英語塾《えいごじゅく》を開《ひら》く

1891(明治《めいじ》24)年《ねん》
韓国《かんこく》・仁川《じんせん》
仁川海関幇辦
パチ
パチ
パチ
パチ
韓国《かんこく》で釟三郎《はちさぶろう》は
関税《かんぜい》を徴収《ちょうしゅう》する
役人《やくにん》になった
ソウル
仁川《じんせん》
(インチョン)
対馬《つしま》
神戸《こうべ》
大阪《おおさか》
チェジュ島《とう》
平生釟三郎《ひらおはちさぶろう》 26歳《さい》

釟三郎《はちさぶろう》は真剣《しんけん》に
仕事《しごと》に取《と》り組《く》んだ
パチ パチ
佳子《よしこ》……
パチ パチ
平生邸《ひらおてい》
平生
何《なに》を読《よ》んでいるんだね？

釟三郎様《はちさぶろうさま》からの手紙《てがみ》です
釟三郎《はちさぶろう》の妻《つま》 佳子《よしこ》
韓国《かんこく》に着《つ》いたと…読《よ》まれますか?
どれ
まったく釟三郎《はちさぶろう》のやつめ…
ガタ
お前《まえ》と結婚《けっこん》してすぐに
教師《きょうし》の仕事《しごと》を放《ほう》り出《だ》して韓国《かんこく》に行《い》くとは…
仕方《しかた》ありませんよ…
恩師《おんし》の頼《たの》みとあっては…
チョキチョキ
仕事《しごと》の事《こと》には口出《くちだ》しせんとは言《い》ったがあいつめ…これではお前《まえ》が可哀想《かわいそう》だよ…
…何《なに》を作《つく》っているんだね?
何《なん》だと思《おも》います?
チョキチョキ
…おしめじゃないか?
フフフ…

まさか
お前《まえ》!?
スッ
釟三郎様《はちさぶろうさま》…
頑張《がんば》って
くださいね…
わははは
今夜は赤飯じゃ!!
仁川《じんせん》・税関《ぜいかん》

次《つぎ》の方《かた》どうぞ
ヌッ
平生《ひらお》さん
あんたねぇ…
日本《にほん》の商人《しょうにん》
何《なん》で日本人《にほんじん》にも規則《きそく》どおり税金《ぜいきん》を取《と》り立《た》てるんだね！
あんたも日本人《にほんじん》だろう
ボソボソ
日本人《にほんじん》には甘《あま》くしてくれたらどうなんだね？
どうせこいつらには何《なに》もわからんのだし…
？
それとも賄賂《わいろ》がいるのか？
ニヤリ
この悪党《あくとう》め
！
パシーン!!

私《わたし》は韓国《かんこく》にやとわれているんですよ…
だから韓国《かんこく》の法律《ほうりつ》に従《したが》って税金《ぜいきん》を徴収《ちょうしゅう》するのは
キッ
当《あ》たり前《まえ》のことです！
日本人《にほんじん》だからといって
不正《ふせい》は許《ゆる》されない!!
くっ！
…若造めっ!!
ちっ！頭《あたま》の固《かた》い奴《やつ》だ!!
どけっ!!
どんな状況《じょうきょう》でも自《みずか》らの信念《しんねん》に従《したが》い行動《こうどう》する釟三郎《はちさぶろう》だった
次《つぎ》の方《かた》

I'm sorry.
(すみません)
I cannot speak Japanese.
(日本語《にほんご》が話《はな》せないのだが)
Is it all right?
(大丈夫《だいじょうぶ》か？)
It's all right.
(大丈夫《だいじょうぶ》ですよ)
I can speak English.
(私《わたし》は英語《えいご》が話《はな》せます)
OK!
また釟三郎《はちさぶろう》は英語《えいご》が得意《とくい》だった
ペラペラ
I'd like to hear about the tax system.
(税金《ぜいきん》について聞《き》きたいのだが？)
Sure.
(はい)
Please feel free to ask me anything.
(何《なん》でも聞《き》いて下《くだ》さい)
釟三郎《はちさぶろう》は英語《えいご》が得意《とくい》であったが最初《さいしょ》は苦労《くろう》した 税関《ぜいかん》の仕事《しごと》にはもっと上級《じょうきゅう》の英語力《えいごりょく》が必要《ひつよう》だったのである
税関《ぜいかん》の先輩《せんぱい》の指導《しどう》を受《う》けながら一生懸命《いっしょうけんめい》勉強《べんきょう》したのだった
Repeat after me!
This is a Pen!!
発音《はつおん》が悪《わる》い！
その甲斐《かい》あって釟三郎《はちさぶろう》は素晴《すば》らしい英語力《えいごりょく》を身《み》につけることができた
ペラ
Bon voyage!
(良《よ》い航海《こうかい》を)
Thank you.
(ありがとう)

早朝《そうちょう》・・・
スタスタ
ウッラ
ウッラ
スタスタ
ギョ
スタスタ
負《ま》けた
ドキドキ
仕事熱心《しごとねっしん》な釟三郎《はちさぶろう》は
早朝《そうちょう》から通関所《つうかんじょ》に
出勤《しゅっきん》することもあった
コケー
その一方《いっぽう》で
英語塾
ガチャ
昼間《ひるま》の仕事《しごと》を
終《お》えた後《あと》
毎日《まいにち》7時《じ》から
9時《じ》まで
英語塾《えいごじゅく》で英語《えいご》を
教《おし》えた
αβc

釟三郎《はちさぶろう》が英語《えいご》を教《おし》えるようになったのには理由《りゆう》がある
困《こま》った…
英語塾《えいごじゅく》をしていた神父様《しんぷさま》が他国《たこく》へ赴任《ふにん》することになり後継者《こうけいしゃ》をさがしていた
それなら良《い》いのがいますよ
誰《だれ》かおらんかね…
英語《えいご》ねぇ…
こうして釟三郎《はちさぶろう》に白羽《しらは》の矢《や》が立《た》ったのである
釟三郎《はちさぶろう》は朝鮮人《ちょうせんじん》も日本人《にほんじん》も分《わ》けへだてなく英語《えいご》を教《おし》えていた
当初生徒《とうしょせいと》は5人《にん》ほどだったが
平生《ひらお》の教《おし》え方《かた》はうまく少《すこ》しずつ生徒《せいと》は増《ふ》えていった
彼《かれ》が帰国《きこく》するころにはかなりの人数《にんずう》になっていたのだった

やがて仁川《じんせん》で
休校《きゅうこう》になっていた
仁川英学塾《じんせんえいがくじゅく》を
引《ひ》き継《つ》いだ
30年後《ねんご》 仁川《じんせん》を訪《おとず》れた
釟三郎《はちさぶろう》は立派《りっぱ》な
仁川高等学校《じんせんこうとうがっこう》になった
かつての塾《じゅく》を感慨深《かんがいぶか》く
眺《なが》めた
1893(明治《めいじ》26)年《ねん》
帰国《きこく》
平生
ザッ
2年《ねん》ぶりか…

ただいま!
ガラッ
じっ
……
家《うち》をまちがえたか…?
おかえりなさいませ
さぁ志津《しづ》
お父《とう》さまですよ
佳子《よしこ》
この子《こ》が志津《しづ》か?
ホッ
おかえりなしゃいませ
おとうしゃま
大《おお》きくなりましたでしょう
フフフ…

そうか…
志津《しづ》
大《おお》きくなって…
なかないで…
あなた…
びろ〜〜ん
キャハハ
スヤ
スヤ
眠《ねむ》ったな…
君《きみ》には苦労《くろう》をかけたね…
おとうしゃまー
おかあしゃまー
クスッ!

そんなある日《ひ》
矢野《やの》校長《こうちょう》より荒廃《こうはい》した
神戸《こうべ》商業学校《しょうぎょうがっこう》の
校長《こうちょう》にならないか
という電報《でんぽう》が届《とど》く
釟三郎《はちさぶろう》は迷《まよ》わず
『諾《だく》（イエス）』と
電報《でんぽう》を打《う》った
行《い》ってくるよ
行《い》ってらっしゃいませ
おとーしゃま
がんばって！
ニコッ
1893（明治《めいじ》26）年《ねん》
兵庫県立神戸商業学校《ひょうごけんりつこうべしょうぎょうがっこう》
校長《こうちょう》に就任《しゅうにん》する
釟三郎《はちさぶろう》この時《とき》
27歳《さい》

事業《じぎょう》を通《つう》じて時代《じだい》を拓《ひら》く

1894(明治《めいじ》27)年《ねん》
益田《ますだ》克徳《かつのり》邸《てい》晩餐会《ばんさんかい》
すごい屋敷《やしき》だなー ここか…
こちらです
おお
来《き》たな!
平生《ひらお》君《くん》
久《ひさ》しぶりだね
東京海上保険筆頭書記《とうきょうかいじょうほけんひっとうしょき》
各務《かがみ》 鎌吉《けんきち》
はい
各務《かがみ》は釟三郎《はちさぶろう》の 2歳年下《さいとした》だが 高等商業学校《こうとうしょうぎょうがっこう》では 1年先輩《ねんせんぱい》であった

この日《ひ》釟三郎《はちさぶろう》が呼《よ》ばれたのは各務《かがみ》がロンドン支社《ししゃ》に派遣《はけん》されるため代《か》わりに東京海上保険《とうきょうかいじょうほけん》で仕事《しごと》をしてもらいたいということだった
君《きみ》が平生君《ひらおくん》だね
話《はなし》は聞《き》いてるよ
若《わか》いのに学校《がっこう》を立《た》て直《なお》したそうだね
東京海上保険総支配人《とうきょうかいじょうほけんそうしはいにん》※
益田《ますだ》　克徳《かつのり》
これもまた矢野校長《やのこうちょう》が釟三郎《はちさぶろう》を神戸商業学校《こうべしょうぎょうがっこう》を立《た》て直《なお》した人物《じんぶつ》として益田孝《ますだたかし》(克徳《かつのり》の兄《あに》)に推薦《すいせん》したからだった
実《じつ》は頼《たの》みがあるんだが
東京海上《とうきょうかいじょう》に来《き》てくれないか?
ブッ
私《わたし》が東京海上《とうきょうかいじょう》に…!?
あちっ

※総支配人《そうしはいにん》…各支店《かくしてん》などの支配人《しはいにん》の上《うえ》に立《た》って全体《ぜんたい》を管理《かんり》する会社《かいしゃ》の重役《じゅうやく》。

東京海上保険《とうきょうかいじょうほけん》は
日本《にほん》で初《はじ》めての
海上保険《かいじょうほけん》を扱《あつか》う会社《かいしゃ》として
1879（明治《めいじ》12）年《ねん》に
創立《そうりつ》された
当時《とうじ》、米《こめ》、砂糖《さとう》、油《あぶら》など
すべての物資《ぶっし》は
海上輸送《かいじょうゆそう》に頼《たよ》っていたため
船《ふね》が沈没《ちんぼつ》してしまうと
大手問屋《おおてとんや》は莫大《ばくだい》な損害《そんがい》を
受《う》けてしまった
あわわ…
そこで、船《ふね》に保険《ほけん》をかけ
損害《そんがい》を少《すく》なくするのが
保険《ほけん》の役目《やくめ》であった
バサ
バサ
バサ
助かった!
ここ数年《すうねん》は
日本海陸保険《にほんかいりくほけん》
帝国海上保険《ていこくかいじょうほけん》…と
ライバル保険《ほけん》の出現《しゅつげん》で
東京海上保険《とうきょうかいじょうほけん》は業績《ぎょうせき》が
一気《いっき》に悪化《あっか》していた
よわったなぁ…
引《ひ》き受《う》けましょう
よろしく頼む!
こうして釟三郎《はちさぶろう》は
実業家《じつぎょうか》としての
スタートを切《き》った
のだった
わかりました
当時《とうじ》の
保険業界《ほけんぎょうかい》は
酒
処

競争相手《きょうそうあいて》に勝《か》つため
それぞれの保険会社《ほけんがいしゃ》は
大手問屋《おおてどんや》の番頭《ばんとう》たちを
接待《せったい》してお酒《さけ》を飲《の》ませて
契約《けいやく》をとろうとしていた
わはは
ガハハハ
どうかね
平生君《ひらおくん》も一杯《いっぱい》!
いえ
私《わたし》は…
ビクッ
なんだと!
わしの酒《さけ》は
飲《の》めんと
いうのか!!
まいったな…
では一杯《いっぱい》だけ…
トクトク
そうこなく
ては!!
ぐいっ
いい飲《の》みっ
ぷり!
ボッ
?
ひっ平生君《ひらおくん》
どうした!?

真面目《まじめ》な釟三郎《はちさぶろう》は酒席《しゅせき》や接待《せったい》が苦手《にがて》だった
平生君《ひらおくん》大丈夫《だいじょうぶ》か!
ウィ〜
おちょこ一杯《いっぱい》だけだぞ!?
また釟三郎《はちさぶろう》は酒《さけ》が飲《の》めなかった
ウィ〜〜!
酒《さけ》にお金《かね》をかけるぐらいなら その分保険料《ぶんほけんりょう》を値引《ねび》きしたほうが 問屋《とんや》のためにもなるし 我《わ》が社《しゃ》のためにもなる
無駄《むだ》な金《かね》を使《つか》っているとしか思《おも》えん
ウップ
おええ…
このころ東京海上保険《とうきょうかいじょうほけん》の経営《けいえい》は苦《くる》しかった
東京海上保険株式会社 大阪支店
そこで釟三郎《はちさぶろう》は貿易港《ぼうえきこう》の神戸《こうべ》が近《ちか》く当時経済《とうじけいざい》の中心《ちゅうしん》であった大阪《おおさか》に支店《してん》を出《だ》すことを提案《ていあん》した
神戸《こうべ》
大阪《おおさか》
まだ他《ほか》の保険会社《ほけんがいしゃ》は大阪《おおさか》に進出《しんしゅつ》していなかったのだ
初《はじ》め釟三郎《はちさぶろう》の考《かんが》えはなかなか理解《りかい》してもらえず三井物産大阪支店《みついぶっさんおおさかしてん》に席《せき》を借《か》りて2名《めい》の社員《しゃいん》を駐在《ちゅうざい》させるだけだった

釟三郎《はちさぶろう》の予測《よそく》は的中《てきちゅう》し大阪《おおさか》での保険契約《ほけんけいやく》は順調《じゅんちょう》に伸《の》びつづけた
半年後《はんとしご》に大阪支店《おおさかしてん》が開設《かいせつ》され釟三郎自身《はちさぶろうじしん》も筆頭書記《ひっとうしょき》という地位《ちい》を捨《す》てて大阪支店長《おおさかしてんちょう》として働《はたら》くことになった
君《きみ》たち売上《うりあげ》の数字《すうじ》ばかり考《かんが》えてはいけないよ
スッ
保険会社《ほけんがいしゃ》は保険会社《ほけんがいしゃ》としての役目《やくめ》がある
それを守《まも》っていかなくてはいけない
役目《やくめ》って何《なん》ですか?
サラ
サラ
何《なん》だと思《おも》う?
?
さあ……
お客《きゃく》さんと私《わたし》たちとがお互《たが》いに助《たす》け合《あ》えるよう努《つと》めるのが保険会社《ほけんがいしゃ》の役目《やくめ》だよ
私《わたし》たちが儲《もう》けようとしてお客《きゃく》さんに損《そん》をさせてはいけないんだ
コトッ
ゴト
それを忘《わす》れてはいけないよ

共働互助
ほお…
じゃあ今日《きょう》も頑張《がんば》ろうか
はい!
東京海上保険《とうきょうかいじょうほけん》
東京本社《とうきょうほんしゃ》
大阪支店《おおさかしてん》は順調《じゅんちょう》だが あいかわらず ロンドンはいかんな…
各務《かがみ》も頑張《がんば》ってくれて 何《なん》とか赤字《あかじ》の原因《げんいん》は わかったようだが
赤字《あかじ》がふくらむ ばかり…
大阪支店
ロンド
各務《かがみ》も一度日本《いちどにほん》に帰《かえ》って もらわないといけないが… 誰《だれ》を代《か》わりにやろうか?
どうだ平生《ひらお》を ロンドンにやって は?
それはいい あいつに任《まか》せて みよう
さっそく連絡《れんらく》 してみよう

※共働互助《きょうどうごじょ》…ともに働《はたら》き、互《たが》いに助《たす》け合《あ》うこと。

私《わたし》がロンドンに……
しかし…
行《い》ってらっしゃいな
行《い》きたいのでしょう?
家《いえ》のことは私《わたし》に任《まか》せてくださいな
佳子《よしこ》…
ボー
お母《かあ》さま泣《な》いてるの?
何《なん》でもないわ大丈夫《だいじょうぶ》よ
帰りましょう……
うん!
1897(明治《めいじ》30)年《ねん》ロンドン
各務《かがみ》の力《ちから》によってロンドン支店《してん》の借金《しゃっきん》は整理《せいり》されこれから立《た》て直《なお》しがはじまろうとしていた

※英国式会計監査制度《えいこくしきかいけいかんさせいど》…後《のち》に日本《にほん》の会計監査制度《かいけいかんさせいど》へとつながった。

※パブリックスクール…イギリスの私立中高等学校《しりつちゅうこうとうがっこう》で、1394年《ねん》に設立《せつりつ》されたウィンチェスターをはじめ、イートン、ハロー、ラグビーなど、いわゆる名門校《めいもんこう》として、現在《げんざい》にいたっている。

これは…
ラグビー!!
驚《おどろ》かれましたかな?
校長《こうちょう》先生《せんせい》!
我《わ》が校《こう》はラグビー発祥《はっしょう》の地《ち》として知《し》られてましてな
ラグビーを授業《じゅぎょう》に取《と》り入《い》れているのです
ほう…
ラグビーは体《からだ》と心《こころ》の両方《りょうほう》を鍛《きた》えることができますから!

体《からだ》と…心《こころ》もですか?
はい
…ラグビーは
1人《ひとり》では決《けっ》してトライすることはできません
チーム全員《ぜんいん》がボールをつないでいって
はじめてトライすることができるのです
ですからラグビーのボールには
チーム全員《ぜんいん》の思《おも》いが込《こ》められているのです
ラグビーの授業《じゅぎょう》は体《からだ》を鍛《きた》えるだけではなく
人生《じんせい》において大切《たいせつ》な友情《ゆうじょう》や協調性《きょうちょうせい》フェアプレー精神《せいしん》などを身《み》につけることができるのです
ONE《ワン》 FOR《フォー》 ALL《オール》
ALL《オール》 FOR《フォー》 ONE《ワン》
ワァァ ァ‥
1人《ひとり》はみんなのために
みんなは1人《ひとり》のために!
それこそがラグビーの精神《せいしん》だからです

1人《ひとり》はみんなのために…
…みんなは1人《ひとり》のために
…なんと生《い》き生《い》きとした生徒《せいと》たちなんだ
釟三郎《はちさぶろう》はイギリスでのラグビーフットボールからスポーツのフェアプレー精神《せいしん》の素晴《すば》らしさを知るとともにパブリックスクールにいたく感銘《かんめい》を受《う》ける
素晴《すば》らしいです！
このことが後《のち》に釟三郎《はちさぶろう》が思《おも》い描《えが》く
個性《こせい》あふれる紳士淑女《しんししゅくじょ》を育《そだ》てる教育《きょういく》
へとつながっていく
釟三郎《はちさぶろう》はロンドンで下宿《げしゅく》していた
後《のち》にここに夏目漱石《なつめそうせき》も下宿《げしゅく》した

遅《おそ》かったねぇ…
astronomy
「天文学《てんもんがく》」？
こんなじいさんが天文学《てんもんがく》の本《ほん》を読《よ》んでいるのが不思議《ふしぎ》かい？
ドキ
いいえ そういうわけでは…
私《わたし》は洋服《ようふく》の仕立屋《したてや》をしてきて今《いま》は下宿屋《げしゅくや》をしている
ただ若《わか》いころは天文学《てんもんがく》に興味《きょうみ》があっていつか学《まな》んでみたいと思《おも》っていたんじゃ…
時間《じかん》に余裕《よゆう》ができた今《いま》こそそれを実行《じっこう》する時《とき》だろう
物事《ものごと》を学《まな》ぶのに遅《おそ》いということはないじゃろう
その通《とお》りですね
ニコッ
釟三郎《はちさぶろう》はイギリス人《じん》の教養《きょうよう》の豊《ゆた》かさにつくづく感心《かんしん》したのだった
釟三郎《はちさぶろう》がロンドンでの仕事《しごと》にも慣《な》れたころ
各務《かがみ》がロンドンに戻《もど》ってきた
留守《るす》の間《あいだ》ありがとう

ガタ
君《きみ》のいない間《あいだ》に
随分《ずいぶん》と考《かんが》えたよ
我《わ》が社《しゃ》は保険《ほけん》の本場《ほんば》
ロンドンで商売《しょうばい》をするには
まだまだ力不足《ちからぶそく》だ
今《いま》は一時撤退《いちじてったい》
すべきではないか
そんなことはないだろう
むしろこれからだ!
違《ちが》う!
パラ
何《なに》を!
君《きみ》こそ!
激《はげ》しい議論《ぎろん》は
2か月間《げっかん》
連日連夜《れんじつれんや》続《つづ》いた…
わかった
君《きみ》の意見《いけん》に
従《したが》おう
ただ本社《ほんしゃ》の
重役連中《じゅうやくれんちゅう》が納得《なっとく》
するかどうか…
おぼれる!
ロンドン撤退《てったい》を
承認《しょうにん》しなければ
2人《ふたり》で会社《かいしゃ》をやめると
言《い》おう
僕《ぼく》ら2人《ふたり》が
いなければ
東京海上《とうきょうかいじょう》は
動《うご》かないものな
一度撤退《いちどてったい》し支店《してん》に残《のこ》っていた
借金《しゃっきん》を支払《しはら》い
現地社員《げんちしゃいん》の再就職先《さいしゅうしょくさき》を見《み》つけて
釟三郎《はちさぶろう》と各務《かがみ》がロンドンを
離《はな》れたのは
1899(明治《めいじ》32)年《ねん》6月《がつ》だった

大阪《おおさか》
東京海上《とうきょうかいじょう》 社宅《しゃたく》
平生
ただいま！
おかえりなさいませ！
ニコ
ただいま
キ
大《おお》きくなったな…お土産《みやげ》だ
ありがとうございます…
うれしい…
ありがとうお父《とう》さま
カワイイ！
キ
これは佳子《よしこ》の土産《みやげ》
佳子《よしこ》
苦労《くろう》をかけてすまない…
大丈夫《だいじょうぶ》ですよ 気《き》にしないで…
そんなことより食事《しょくじ》の用意《ようい》ができてますよ

そっ
そうか…
日本《にほん》に帰《かえ》ってからも
釟三郎《はちさぶろう》は東京海上《とうきょうかいじょう》を
立《た》て直《なお》すため各務《かがみ》と共《とも》に
時間《じかん》を忘《わす》れて働《はたら》いた
その活躍《かつやく》によって
東京海上保険会社《とうきょうかいじょうほけんがいしゃ》の
経営《けいえい》は上向《うわむ》きになり
何《なん》とか赤字《あかじ》を解消《かいしょう》する
ところまでたどり着《つ》いた
支店長《してんちょう》
何《なん》だね？
この書類《しょるい》なのですが…
何《なに》が書《か》いてあるか
読《よ》めないのです…
暗号…？
なんだコリャ
うちの会社《かいしゃ》で
こんなに字《じ》が下手《へた》なのは
各務《かがみ》しかいないだろう
いいえ…
平生支店長《ひらおしてんちょう》が
書《か》かれたもの
ではないかと…
まさか!?
そんなわけ
ないだろう…
平生釟三郎
すまん
私《わたし》の字《じ》だな…
確《たし》かにこれは
読《よ》めんな…
めんぼく
ない…
そういえば
アメリカに行《い》っている
伊藤忠兵衛君《いとうちゅうべえくん》から手紙《てがみ》の
返事《へんじ》がないな
まさか…
？
？
……
暗号《あんごう》か…？

アメリカの伊藤忠兵衛《いとうちゅうべえ》

1904(明治《めいじ》37)年《ねん》
朝鮮《ちょうせん》と満州《まんしゅう》をめぐり日本《にほん》は
ロシアに宣戦布告《せんせんふこく》をする
日露戦争《にちろせんそう》の始《はじ》まりである
多《おお》くの血《ち》が流《なが》される
悪夢《あくむ》のような時代《じだい》に
日本《にほん》は突《つ》き進《すす》んでいく
お先《さき》に失礼《しつれい》するよ
そういえば
支店長《してんちょう》の奥《おく》さん
おめでたじゃ
なかったか?
ああ…
でも奥《おく》さん
体《からだ》の具合《ぐあい》が
良《よ》くない
そうなんだ…
パタン
支店長《してんちょう》
最近早《さいきんはや》いな
いつも最後なのに…
おや
これは
旦那様《だんなさま》
良《よ》かったですね
元気《げんき》な男《おとこ》の子《こ》
ですよ

そんなことより！
佳子《よしこ》の具合《ぐあい》はどうなんですか!!
フギャアー
医療体制《いりょうたいせい》の整《ととの》っていなかったこの時代《じだい》出産後《しゅっさんご》に体調《たいちょう》を崩《くず》し亡《な》くなる女性《じょせい》が多《おお》かった
男《おとこ》の子《こ》よ…
そうか…
よく頑張《がんば》ったな佳子《よしこ》…
はい…
佳子《よしこ》
この子《こ》たちのためにも早《はや》く元気《げんき》になろうな
……はい
だが4人目《にんめ》の子《こ》を生《う》んだ後《のち》佳子《よしこ》の具合《ぐあい》が良《よ》くなることはなかった
バサ

私《わたし》は
ダメな夫《おっと》
だったな…
仕事《しごと》に打《う》ち込《こ》むあまり
家《いえ》を空《あ》けてばかりで
お前《まえ》に夫《おっと》らしいことを
何《なに》もしてやれなかった…
私《わたし》と一緒《いっしょ》になって
後悔《こうかい》してるだろう…
……私《わたし》はね
いつでもまっすぐな
あなたのことが
好《す》きだから一緒《いっしょ》に
なったのよ…
後悔《こうかい》なんて…
大好《だいす》きなあなたのお役《やく》に
たてたのだから…
1人《ひとり》の時《とき》も私は幸《しあわ》せだったわ
佳子《よしこ》…！
あなた…
この子《こ》たちのためにも
早《はや》く再婚《さいこん》して
くださいね…
母親《ははおや》がいないのは
可哀想《かわいそう》…
私《わたし》のことなど気《き》にせずに
ギュッ
あなた…
ありが…とう…
…佳子《よしこ》
佳子《よしこ》！
わーん
わ〜ん
あーん
あ〜ん
1907（明治《めいじ》40）年《ねん》
釟三郎《はちさぶろう》の妻佳子《つまよしこ》が亡《な》くなる
その後再婚《ごさいこん》するが
2人目《ふたりめ》の妻信枝《つまのぶえ》も子《こ》どもを
生《う》んだ直後《ちょくご》に亡《な》くなってしまう

人間《にんげん》を育《そだ》てる学校《がっこう》をつくる

東京海上《とうきょうかいじょう》に入社《にゅうしゃ》して
13年目《ねんめ》
釟三郎《はちさぶろう》は41歳《さい》になって
いた…
わずか3年《ねん》の間《あいだ》に二度《にど》も妻《つま》を
失《うしな》う悲劇《ひげき》に襲《おそ》われ
深《ふか》い悲《かな》しみと無情観《むじょうかん》につつまれ
ながら仕事一筋《しごとひとすじ》に生《い》きてきた
釟三郎《はちさぶろう》は人生《じんせい》を振《ふ》り返《かえ》っていた
住吉村《すみよしむら》
「会社《かいしゃ》だけが人生《じんせい》ではない」
そう考《かんが》えたものの幼《おさな》い
子《こ》どもたちのためにも
働《はたら》かないわけにはいかな
かった
彼《かれ》にとって幸《さいわ》い
だったのは
すずと出会《であ》い
彼女《かのじょ》と再婚《さいこん》した
ことだろう
彼女《かのじょ》は慶應義塾幼稚舎《けいおうぎじゅくようちしゃ》で
音楽《おんがく》の先生《せんせい》もしたことのある
明《あか》るく元気《げんき》な女性《じょせい》だった
これを機《き》に大阪《おおさか》の社宅《しゃたく》を出《で》て
神戸《こうべ》の住吉村《すみよしむら》に
転居《てんきょ》したのだった

大阪《おおさか》で商売《しょうばい》に成功《せいこう》した
実業家《じつぎょうか》たちが芦屋《あしや》や
住吉周辺《すみよししゅうへん》に住《す》み始《はじ》めた
ころである
ここに来《く》る途中《とちゅう》で
見《み》たのですが…
弘世《ひろせ》さん
この村《むら》の小学校《しょうがっこう》の建物《たてもの》は
ひどいものですね
いくら陳情《ちんじょう》しても
改《あらた》まりません
そうですか
日本生命社長《にほんせいめいしゃちょう》
弘世《ひろせ》 助太郎《すけたろう》
お金《かね》がないの
一点張《いってんば》りです…

当時《とうじ》の住吉村《すみよしむら》って？

現在《げんざい》の神戸《こうべ》市東灘《ひがしなだ》区《く》住吉周辺《すみよししゅうへん》に相当《そうとう》。日本《にほん》最大《さいだい》の経済都市《けいざいとし》であった大阪《おおさか》と東洋《とうよう》最大《さいだい》の港湾都市《こうわんとし》であった神戸《こうべ》の間《あいだ》に位置《いち》し、水清《みずきよ》く温暖《おんだん》であることから、大阪《おおさか》の財界人《ざいかいじん》がここに移《うつ》り住《す》みました。

1900（明治《めいじ》33）年《ねん》、村山龍平《むらやまりゅうへい》（朝日新聞創業者《あさひしんぶんそうぎょうしゃ》）が移住《いじゅう》したのをはじめに、大正《たいしょう》には住友本家《すみともほんけ》、小寺源吾《こでらげんご》（大日本紡績社長《だいにほんぼうせきしゃちょう》）、野村徳七《のむらとくしち》（野村財閥創始者《のむらざいばつそうししゃ》）、昭和《しょうわ》には大林義雄《おおばやしよしお》（大林組《おおばやしぐみ》2代目社長《だいめしゃちょう》）、武田長兵衛《たけだちょうべえ》（武田薬品工業《たけだやくひんこうぎょう》6代目社長《だいめしゃちょう》）など、日本経済《にほんけいざい》を動《うご》かす財閥《ざいばつ》、企業経営者《きぎょうけいえいしゃ》などの富裕層《ふゆうそう》が住《す》んでいました。

平生《ひらお》さんのお子《こ》さんは元気《げんき》で良《よ》いですな
いやワンパクでお恥《は》ずかしい…
キャハハハハ
ワァー
イギリスのパブリックスクールを思《おも》い出《だ》す釟三郎《はちさぶろう》
あれは良《よ》い学校《がっこう》だった…
つかまえたっ
キャ
何《なん》とかこの子《こ》たちが通《かよ》いたい学校《がっこう》にしないといけませんね
仕方《しかた》なく遠《とお》くの小学校《しょうがっこう》に通《かよ》わせている家《いえ》もあります
今後《こんご》は大阪《おおさか》や神戸《こうべ》に会社《かいしゃ》のある人《ひと》はどんどんこの地《ち》に住《す》むようになるでしょう
どうでしょう私《わたし》たちの手《て》で理想《りそう》の学校《がっこう》をつくっては?
はい是非《ぜひ》一緒《いっしょ》に学校《がっこう》をつくりましょう
きっとこれは理想《りそう》の学校《がっこう》をつくれと天《てん》が私《わたし》に命《めい》じているんだ…
このとき釟三郎《はちさぶろう》は東京海上保険《とうきょうかいじょうほけん》の大阪《おおさか》・神戸支店長《こうべしてんちょう》
毎日《まいにち》が忙《いそが》しく夜遅《よるおそ》く帰《かえ》ってくる日《ひ》も多《おお》かった
しかし教育《きょういく》への思《おも》いを心《こころ》の底《そこ》にしっかりとあたためていた
やがて住吉村《すみよしむら》での学校設立《がっこうせつりつ》に関《かか》わることになっていく

※甲南小学校創立《こうなんしょうがっこうそうりつ》…1912(明治《めいじ》45)年《ねん》9月《がつ》11日《にち》、財団法人甲南学園《ざいだんほうじんこうなんがくえん》の設立認可《せつりつにんか》。理事長《りじちょう》には田辺貞吉《たなべさだきち》、理事《りじ》には釟三郎《はちさぶろう》のほか、阿部元太郎《あべげんたろう》、野口孫市《のぐちまごいち》、才賀藤吉《さいがとうきち》、小林山郷《こばやしさんごう》が就任《しゅうにん》。

※観音林倶楽部《かんのんばやしくらぶ》…コラム02「財界人《ざいかいじん》のコミュニティ『観音林倶楽部《かんのんばやしくらぶ》』」(110ページ)参照《さんしょう》。

※1,000円《えん》…釟三郎《はちさぶろう》が小学校設立《しょうがっこうせつりつ》のために金策《きんさく》していた1911(明治《めいじ》44)年当時《ねんとうじ》の1,000円《えん》は、現在《げんざい》の約《やく》1,240,000円《えん》に相当《そうとう》する。

平生
すまないが…
カタッ
貯《た》めておいたお金《かね》
小学校《しょうがっこう》のために使《つか》わせてもらうよ
いくら寄付《きふ》を頼《たの》んでもわからない者《もの》に話《はなし》は通《つう》じない
1000円《えん》は自分《じぶん》で出《だ》そうと思《おも》うんだ
あなたが働《はたら》かれたお金《かね》です
どうぞご自由《じゆう》にお使《つか》いください
でも…なぜそんなに教育《きょういく》にこだわるのですか
若《わか》いころ私《わたし》は苦労《くろう》して学校《がっこう》に通《かよ》った…
今《いま》の私《わたし》があるのは教育《きょういく》のおかげ教育《きょういく》を受《う》けられなかったら私《わたし》はどうなっていたか…
教育《きょういく》は本当《ほんとう》に大切《たいせつ》なものなんだ!
そう…今《いま》のあなただから私《わたし》も幸《しあわ》せなのよね
甲南小学校
開校式

パチパチ
やっとここまで来《き》たか…
…しかし
学校《がっこう》の経営《けいえい》は依然《いぜん》として難《むずか》しかった
季節《きせつ》とともに生徒《せいと》は少《すこ》しずつ減《へ》っていった…
そして
もう資金《しきん》は底《そこ》をついているのですよ
運動場《うんどうじょう》の一部《いちぶ》も売《う》り切《き》ってしまいあとどうやってお金《かね》を作《つく》ればいいのですか
この年《とし》ついに甲南小学校《こうなんしょうがっこう》は児童不足《じどうぶそく》のため経営困難《けいえいこんなん》に陥《おちい》った

ガラッ
とにかく私《わたし》たちは抜《ぬ》けさせていただく
あなたは発起人《ほっきにん》の1人《ひとり》ではないですか! やめるなんて!
ちょっと待《ま》ってください!
ピシャッ
やりたくない人《ひと》に無理《むり》にやってもらうことはありませんよ…
学校《がっこう》づくりは大変《たいへん》なことですから…
平生《ひらお》さんやはり
廃校《はいこう》にするしかないのでしょうか?
いま廃校《はいこう》にすることは
無邪気《むじゃき》な児童《じどう》たち…
じゃあどうすればいいのかね?
住友銀行支配人《すみともぎんこうしはいにん》
田邊《たなべ》　貞吉《さだきち》
いいえ
そして信頼《しんらい》して子《こ》どもを我《わ》が校《こう》に預《あず》けてくれた父母《ふぼ》に対《たい》する裏切《うらぎ》り行為《こうい》になるでしょう!
教育《きょういく》というのは会社経営《かいしゃけいえい》とは訳《わけ》が違《ちが》うのです
お金《かね》がなくなったからといってつぶしていいわけがありません!

みんなで力《ちから》を
合《あ》わせて
何《なん》とか立《た》て
直《なお》してみましょう
わかりました
私《わたし》たちとしても
廃校《はいこう》はしのびない…
日立製作所創立者《ひたちせいさくしょそうりつしゃ》
久原《くはら》 房之助《ふさのすけ》
できるだけの
お手伝《てつだ》いは
するつもりです
ありがとう
ございます
このときから
釟三郎《はちさぶろう》は仕事《しごと》が
終《お》わった後《あと》の時間《じかん》の
すべてを費《つい》やし
甲南小学校《こうなんしょうがっこう》の再建《さいけん》に
立《た》ち向《む》かうことになる
?
まず「理想《りそう》の学校《がっこう》」を
運営《うんえい》していくための方法《ほうほう》を
見《み》つけようといろいろな
学校《がっこう》を見《み》て回《まわ》った

成蹊学園
なるほど…
成蹊学園校長《せいけいがくえんこうちょう》
中村《なかむら》　春二《はるじ》
その中《なか》で東京《とうきょう》・池袋《いけぶくろ》にある成蹊学園《せいけいがくえん》の中村春二校長《なかむらはるじこうちょう》の教育方針《きょういくほうしん》が自分《じぶん》の理想《りそう》に近《ちか》いと感《かん》じた
パチパチ
やはり建学《けんがく》の精神《せいしん》とそれを実行《じっこう》するには校長先生《こうちょうせんせい》が大切《たいせつ》だ
釟三郎《はちさぶろう》は甲南小学校《こうなんしょうがっこう》の校長《こうちょう》に優秀《ゆうしゅう》な人材《じんざい》を持《も》ってこようとした
？
そうだ
校長《こうちょう》
お手紙《てがみ》です
それが今津町《いまづちょう》の小学校校長《しょうがっこうこうちょう》堤《つつみ》　恒也《つねや》だった
平生釟三郎《ひらおはちさぶろう》？

甲南《こうなん》と成蹊《せいけい》

成蹊学園《せいけいがくえん》の創立者《そうりつしゃ》である中村春二《なかむらはるじ》の教育理《きょういくり》念《ねん》は釟三郎《はちさぶろう》に大《おお》きな影響《えいきょう》を与《あた》えました。禅《ぜん》の精神《せいしん》に影響《えいきょう》を受《う》けた春二《はるじ》でしたが、自由《じゆう》と個《こ》性《せい》を尊重《そんちょう》し、人格《じんかく》・学問《がくもん》・心身《しんしん》ともにバランスのとれた人間教育《にんげんきょういく》を実践《じっせん》していたからです。

甲南小学校《こうなんしょうがっこう》と教員《きょういん》の相互交流《そうごこうりゅう》をしている成《せい》蹊《けい》をはじめ、成城《せいじょう》、武蔵《むさし》の各学園《かくがくえん》も甲南《こうなん》と同《おな》じく明治末期《めいじまっき》から大正《たいしょう》デモクラシー期《き》に誕生《たんじょう》。学習院《がくしゅういん》も加《くわ》わって、当時《とうじ》の画一《かくいつ》教育《きょういく》に疑問《ぎもん》を感《かん》じ、新《あたら》しい教育《きょういく》理念《りねん》を打《う》ち出《だ》し、互《たが》いに交流《こうりゅう》を続《つづ》け、日本《にほん》における理想教《りそうきょう》育《いく》の実現《じつげん》に貢献《こうけん》してきました。

ここか…
平生
よく来《き》てくれましたね 堤《つつみ》さん
今日《こんにち》の学校教育《がっこうきょういく》は知識《ちしき》を詰《つ》め込《こ》むことばかりに熱中《ねっちゅう》し
人間《にんげん》としての成長《せいちょう》を考《かんが》えていません
これは大《おお》きな間違《まちが》いです!
学校教育《がっこうきょういく》とは人物《じんぶつ》をつくることを目的《もくてき》とするものでしょう
はい私《わたし》もそう思《おも》います
熱《あつ》い男《おとこ》だ…
どうか甲南小学校《こうなんしょうがっこう》の校長《こうちょう》になってくれないか?
教育《きょういく》への夢《ゆめ》は私《わたし》の中《なか》にもある…
この男《おとこ》の熱《あつ》さに私《わたし》の夢《ゆめ》をかけてみるか…
フッ
私《わたし》でよければ
ガシッ
ありがとう
東京海上保険《とうきょうかいじょうほけん》大阪支店《おおさかしてん》

ではよろしく頼《たの》む
私《わたし》は先《さき》に失礼《しつれい》するよ
すっかり夜《よる》か…
校長室
釟三郎《はちさぶろう》は学校《がっこう》の運営《うんえい》に関《かん》して堤校長《つつみこうちょう》にすべてを任《まか》せていた
信頼《しんらい》する者《もの》に自由《じゆう》に仕事《しごと》をさせる これが釟三郎《はちさぶろう》の方針《ほうしん》だった
しかし
校舎《こうしゃ》、教材《きょうざい》のことでお金《かね》が足《た》りないといつしか釟三郎《はちさぶろう》が調達《ちょうたつ》していた
釟三郎《はちさぶろう》はサラリーマンであり裕福《ゆうふく》なわけではないが
他《ほか》の理事《りじ》とともに助《たす》け合《あ》いながら資金《しきん》を出《だ》していた

その一方《いっぽう》で
校長室
アー…
力《ちから》のない教師《きょうし》にはやめてもらいやる気《き》に満《み》ち溢《あふ》れた教師《きょうし》を集《あつ》めていった
1916(大正《たいしょう》5)年《ねん》やっと小学校《しょうがっこう》として運営《うんえい》していける見込《みこ》みが立《た》ちかつて資金難《しきんなん》のために手放《てばな》したグラウンドの一部《いちぶ》も買《か》い戻《もど》すことができた
子《こ》どもたちを正《ただ》しく導《みちび》くには何《なに》よりも先生《せんせい》の質《しつ》を良《よ》くすること先生《せんせい》の教育《きょういく》への情熱《じょうねつ》が必要《ひつよう》です
なるほど
平生《ひらお》さん頑張《がんば》りましたね

諦《あきら》めなくてよかった…
蒔《ま》かない種《たね》は芽《め》を出《だ》さないが蒔《ま》いた種《たね》は時《とき》がたてば必《かなら》ず高《たか》くそびえ立《た》つ樹木《じゅもく》に育《そだ》つ
どうしてこれほど熱心《ねっしん》に学校運営《がっこううんえい》に力《ちから》を注《そそ》ぐのですか？
…私《わたし》は今《いま》まで本当《ほんとう》に多《おお》くの人々《ひとびと》のご恩《おん》に支《ささ》えられてきました
そのご恩《おん》を私《わたし》は社会《しゃかい》にお返《かえ》ししたい
…私《わたし》が学校《がっこう》にこだわるのは
人物《じんぶつ》の育成《いくせい》こそが最大《さいだい》の社会奉仕《しゃかいほうし》だと考《かん》えるからです

中高一貫《ちゅうこういっかん》、女子設立《じょしせつりつ》で理想教育《りそうきょういく》を実現《じつげん》

いただきまーす
さぁどんどん食《た》べてくれ!
?
なぜ食事《しょくじ》の時《とき》まで背広《せびろ》なんですか?
ふむ
コト
君《きみ》たちには変《へん》に見《み》えるかもしれないが
イギリスではきちんとした生活《せいかつ》を送《おく》るのは当《あ》たり前《まえ》だったんだ
習慣《しゅうかん》というのは第二《だいに》の天性《てんせい》だろう
決《けっ》して無理《むり》をしているわけではないのだよ
それじゃ食《た》べようか
はい!
平生先生《ひらおせんせい》はかっこいいよな
休《やす》む暇《ひま》もなく働《はたら》いてるのにいつでもシャキッとしてるもんな!

1919（大正《たいしょう》8）年《ねん》
釟三郎《はちさぶろう》は
甲南中学校《こうなんちゅうがっこう》を設立《せつりつ》する
当時《とうじ》
東京海上《とうきょうかいじょう》の専務《せんむ》
であった
創設《そうせつ》に協力《きょうりょく》
してくれたのが
青年実業家《せいねんじつぎょうか》
伊藤忠《いとうちゅう》2代目《にだいめ》
伊藤《いとう》 忠兵衛《ちゅうべえ》
そして甲南小学校《こうなんしょうがっこう》の
理事長《りじちょう》である
田邊《たなべ》 貞吉《さだきち》
神戸海運界《こうべかいうんかい》の有力者《ゆうりょくしゃ》
河内《かわち》 研太郎《けんたろう》
久原《くはら》 房之助《ふさのすけ》
東京高等商業学校《とうきょうこうとうしょうぎょうがっこう》の後輩《こうはい》
安宅産業創立者《あたかさんぎょうそうりつしゃ》
安宅《あたか》 彌吉《やきち》
などがいた
彼《かれ》らは皆《みな》 釟三郎《はちさぶろう》の
理想教育《りそうきょういく》に共感《きょうかん》し
また協力《きょうりょく》を惜《お》しまなかった

観音林倶楽部《かんのんばやしくらぶ》
私《わたし》は教育《きょういく》こそが日本《にほん》をつくると思《おも》っているんだ
やっと一貫教育《いっかんきょういく》を実現《じつげん》する中学《ちゅうがく》を開校《かいこう》することができました
ズッ
ただ男子《だんし》の教育《きょういく》にばかり偏《かたよ》ってもいけない
ブッ
これからは同《おな》じ考《かんが》えで女子《じょし》の教育《きょういく》も行《おこな》わなければ・・・
安宅《あたか》 彌吉《やきち》
当時《とうじ》の日本《にほん》は中学校《ちゅうがっこう》から男女別々《だんじょべつべつ》に教育《きょういく》がなされていた

驚《おどろ》いたな…
「男女七歳《だんじょななさい》にして席《せき》を同《おな》じうせず」という時代《じだい》である
高等教育《こうとうきょういく》はほとんどが男子中心《だんしちゅうしん》であり女子《じょし》に教育《きょういく》は必要《ひつよう》ないと考《かんが》える者《もの》もいた
女学校《じょがっこう》をつくることは素晴《すば》らしいが…
今《いま》は仕事《しごと》と大学設立構想《だいがくせつりつこうそう》で私《わたし》にはその時間《じかん》がない…
しかしどんな援助《えんじょ》も惜《お》しまないよ
そうだ確《たし》かに必要《ひつよう》だ!
それはぜひつくったほうがいい!
しかし
大学《だいがく》まで考《かんが》えているなんて平生《ひらお》さんには驚《おどろ》かされるばかりだ
すまん…
ワハハ
甲南中学校《こうなんちゅうがっこう》の設立《せつりつ》メンバーは男子《だんし》の甲南中学校《こうなんちゅうがっこう》と同様《どうよう》に女学校《じょがっこう》もつくろうと語《かた》り合《あ》った

甲南中学校《こうなんちゅうがっこう》開校《かいこう》の翌年《よくとし》
ついに甲南高等女学校《こうなんこうとうじょがっこう》も
開校《かいこう》した
甲南小学校《こうなんしょうがっこう》の卒業生《そつぎょうせい》は
男子《だんし》は甲南中学校《こうなんちゅうがっこう》に
女子《じょし》は甲南高等女学校《こうなんこうとうじょがっこう》に進学《しんがく》し
同《おな》じ理念《りねん》のもとに教育《きょういく》を
受《う》けられたのである
しかしまたしても
釟三郎《はちさぶろう》の前《まえ》に困難《こんなん》が
待《ま》ち受《う》けていたのである

1920（大正《たいしょう》9）年《ねん》
女学校《じょがっこう》につづけて男子《だんし》の高等学校《こうとうがっこう》も設立《せつりつ》しようと計画《けいかく》していたが株価《かぶか》の大暴落《だいぼうらく》が起《お》こる
不況《ふきょう》のため7年制高等学校設立《ねんせいこうとうがっこうせつりつ》に多大《ただい》な援助《えんじょ》を申《もう》し出《で》ていた久原財閥《くはらざいばつ》も倒産《とうさん》してしまう
ガクッ
久原《くはら》 房之助《ふさのすけ》
釟三郎《はちさぶろう》が働《はたら》く東京海上《とうきょうかいじょう》も経営《けいえい》が難《むずか》しくなっていた
ゾロゾロ..
これはみなさんおそろいで・・・
専務《せんむ》
お客様《きゃくさま》です
もう高等学校設立《こうとうがっこうせつりつ》は無理《むり》かもしれないですね
言いにくいんだが…
このさい小学校・中学校《ちゅうがっこう》ともに国《くに》に寄付《きふ》してしまいましょうか
キュッ

諦《あきら》めてはいけませんよ！
やっとここまできたんじゃないんですか！
わかってはいるんですが・・・・
どうすれば・・・・
どんな困難《こんなん》な状況《じょうきょう》にあっても決《けっ》して諦《あきら》めることのない男《おとこ》それが釟三郎《はちさぶろう》だった
ここを乗《の》り切《き》れば
必《かなら》ず良《よ》い風《かぜ》が吹《ふ》いてくる
みんなで力《ちから》を合《あ》わせて
頑張《がんば》ろうではありませんか!!
はい・・・・
・・・・・・
そうはいうもののどうすれば乗《の》り切《き》れるだろうか・・・
ザワザワ
どうすれば・・・・
そうですよ平生《ひらお》さん
数日後《すうじつご》

伊藤《いとう》　忠兵衛《ちゅうべえ》
やあ伊藤君《いとうくん》
君《きみ》の会社《かいしゃ》もかなり厳《きび》しいようだね
応接室
はい　こんどの不況《ふきょう》で大損害《だいそんがい》を受《う》けました
必死《ひっし》で立《た》て直《なお》そうとしています
実《じつ》は甲南《こうなん》高等学校《こうとうがっこう》のことなんですが…
私《わたし》の会社《かいしゃ》にはまったく余裕《よゆう》がありません…
そうか…
ただ私《わたし》には
父《ちち》からゆずりうけた貸家《かしや》があるんです
たいした金額《きんがく》ではありませんがそこの家賃《やちん》を甲南《こうなん》に寄付《きふ》させてください
ですから夢《ゆめ》を諦《あきら》めないでください
伊藤君《いとうくん》!
ガタッ
ありがとう
一度《いちど》は諦《あきら》めかけた高等学校設立《こうとうがっこうせつりつ》だったが伊藤《いとう》らのおかげで釟三郎《はちさぶろう》は奮起《ふんき》する

1923（大正《たいしょう》12）年《ねん》
甲南中学《こうなんちゅうがく》は発展的《はってんてき》に解消《かいしょう》し
7年制《ねんせい》の高等学校《こうとうがっこう》として
スタートすることになった
釟三郎《はちさぶろう》の望《のぞ》んでいた
7年制《ねんせい》の一貫教育《いっかんきょういく》
である

7年制《ねんせい》一貫教育《いっかんきょういく》って？

当時《とうじ》の教育制度《きょういくせいど》は、中学校《ちゅうがっこう》5年《ねん》、高等学校《こうとうがっこう》3年《ねん》でした。7年制高等学校《ねんせいこうとうがっこう》は特殊《とくしゅ》で、尋常《じんじょう》科《か》4年《ねん》、高等《こうとう》科《か》3年《ねん》。7年制《ねんせい》だったのは、東京《とうきょう》、台北《たいぺい》の官立《かんりつ》2校《こう》、府立《ふりつ》、富山《とやま》、浪速《なにわ》の公立《こうりつ》3校《こう》、甲南《こうなん》、成蹊《せいけい》、成城《せいじょう》、武蔵《むさし》の私立《しりつ》4校《こう》の計《けい》9校《こう》だけでした。学習院《がくしゅういん》も一貫教育《いっかんきょういく》を行《おこな》っていましたが、宮内省所管《くないしょうしょかん》の官立《かんりつ》8年制《ねんせい》でした。これらの学校《がっこう》は19世紀《せいき》イギリスにあって、紳士《しんし》の養成《ようせい》工場《こうじょう》といわれたパブリックスクールなどを模範《もはん》に、自由《じゆう》と規律《きりつ》を重《おも》んずる人物教育《じんぶつきょういく》を主眼《しゅがん》としていました。東京帝国大学《とうきょうていこくだいがく》や京《きょう》都帝国大学《とていこくだいがく》など、進学先《しんがくさき》の旧制《きゅうせい》帝国大学《ていこくだいがく》にあっても7年制高等《ねんせいこうとう》学校出身者《がっこうしゅっしんしゃ》はユニークな存在《そんざい》としてその名《な》を高《たか》めていました。

甲南高等学校《こうなんこうとうがっこう》が設立《せつりつ》
されたのと同《おな》じ
1923（大正《たいしょう》12）年《ねん》9月《がつ》
関東地方《かんとうちほう》に未曽有《みぞう》の
大災害《だいさいがい》がもたらされた
9月1日《くがつついたち》
午前《ごぜん》11時《じ》58分《ぷん》

関東大震災《かんとうだいしんさい》である
死者《ししゃ》、負傷者《ふしょうしゃ》、家屋破壊《かおくはかい》、火事《かじ》……と
すべてにわたって過去《かこ》に
例《れい》のない大災害《だいさいがい》だった

地震《じしん》の被害《ひがい》について
保険会社《ほけんがいしゃ》は
保険金《ほけんきん》を支払《しはら》う
必要《ひつよう》はなかった…
被害《ひがい》を受《う》けた人《ひと》たちから
保険金《ほけんきん》を払《はら》ってほしい
という問《と》い合《あ》わせが
来《き》ているようです
本社《ほんしゃ》では何《なん》と
言《い》ってる?
…払《はら》わない
方針《ほうしん》のようです
一銭《いっせん》もか!?
はい
ガタッ
もし3割《わり》でも
払《はら》ってしまうと
こちらがつぶれて
しまう…と
…しかし被害《ひがい》は
すさまじい
のだよ…
東京海上《とうきょうかいじょう》 本社《ほんしゃ》ビル
ジャリッ
助互働共
釟三郎《はちさぶろう》の頭《あたま》には
共働互助《きょうどうごじょ》
の言葉《ことば》が浮《う》かんでいた
ビルは倒壊《とうかい》せずに
残《のこ》ったが…
外《そと》はすごい被害《ひがい》だ
ガレキの山《やま》となり
多《おお》くの人《ひと》が亡《な》くなった…
各務《かがみ》 鎌吉《けんきち》

平生専務《ひらおせんむ》からの電報《でんぽう》です
ミマイキントシテ
ンヲシハラウベシ
ヒラオ
「見舞金《みまいきん》として保険金《ほけんきん》を払《はら》うべきである」と記《しる》されていた
ウン
そのとおりですね 平生《ひらお》さん
被災者《ひさいしゃ》は風雨《ふうう》をしのぐことさえも出来《でき》ずにいるのだ
誰《だれ》もが困《こま》っているときは余裕《よゆう》のある者《もの》が手《て》を差《さ》しのべなければいけないだろう
政府《せいふ》に強制《きょうせい》されてから保険金《ほけんきん》の一部《いちぶ》を払《はら》うのではなく
保険会社《ほけんがいしゃ》が自分《じぶん》たちから保険金《ほけんきん》の支払《しはら》いを行《おこな》うべきなんだ
しかし本社《ほんしゃ》が…
ドン

本社《ほんしゃ》などどうでもいい!
人《ひと》の道《みち》のほうがよほど大事《だいじ》だ!!
わっ わかりました
あたふた
本社《ほんしゃ》と掛《か》け合《あ》います!
バタン
この後《あと》日本政府《にほんせいふ》は補助金《ほじょきん》を貸《か》し出《だ》して保険会社《ほけんがいしゃ》が1割支払《わりしはら》うという形《かたち》になった まさに釟三郎《はちさぶろう》が当初《とうしょ》から主張《しゅちょう》していたとおりの展開《てんかい》であった

報恩《ほうおん》の精神《せいしん》を胸《むね》に抱《いだ》いた釟三郎《はちさぶろう》は
いつしか60歳《さい》になろうとしていた
事業《じぎょう》と奉仕《ほうし》 二足《にそく》の草鞋《わらじ》を履《は》いて
邁進《まいしん》してきた釟三郎《はちさぶろう》ではあったが
心《こころ》に何《なに》かが引《ひ》っかかっていた
社会奉仕《しゃかいほうし》に専念《せんねん》したい…
釟三郎《はちさぶろう》の新《あら》たな人生《じんせい》が
始《はじ》まろうとしていた

コラム
01

青《せい》年《ねん》育《いく》成《せい》塾《じゅく》としての「拾《しゅう》芳《ほう》会《かい》」

平生《ひらお》釟三郎《はちさぶろう》自宅《じたく》（現《げん》 平生《ひらお》記念館《きねんかん》）

私費《しひ》による奨学制度《しょうがくせいど》「拾芳会《しゅうほうかい》」をスタート

平生釟三郎《ひらおはちさぶろう》は、貧《まず》しい中《なか》で国《くに》や他人《たにん》の援助《えんじょ》によって学業《がくぎょう》を遂《と》げられたことに感謝《かんしゃ》していました。いつかはその恩《おん》を返《かえ》したいとも願《ねが》っていたのです。

その思《おも》いを実現《じつげん》させたのが1912（明治《めいじ》45）年《ねん》のことです。勉強《べんきょう》したいと希望《きぼう》していながら、貧《まず》しさのために学費《がくひ》を出《だ》せずにいる若者《わかもの》たちから数人《すうにん》を選《えら》び、給費金《きゅうひきん》を支給《しきゅう》することにしたのです。この年《とし》は5人《にん》でした。

このころの釟三郎《はちさぶろう》は東京海上保険《とうきょうかいじょうほけん》の大阪《おおさか》・神戸《こうべ》支店長《してんちょう》であり、そのかたわら甲南幼稚園《こうなんようちえん》、甲南小学校《こうなんしょうがっこう》を創立《そうりつ》した時期《じき》です。多忙《たぼう》を極《きわ》めていたはずですが、「恩《おん》を返《かえ》す」という思《おも》いから、敢《あ》えて制度《せいど》をスタートさせたのです。

頭脳《ずのう》だけでなく、心《こころ》と体《からだ》の育成《いくせい》も

釟三郎《はちさぶろう》が目標《もくひょう》としたのは、貧《まず》しくて優秀《ゆうしゅう》な青年《せいねん》たちに奨学金《しょうがくきん》を与《あた》えるというだけではありませんでした。彼《かれ》らの人格的《じんかくてき》な育成《いくせい》をも目指《めざ》していたのです。

釟三郎《はちさぶろう》は、当時《とうじ》の学校教育《がっこうきょういく》における「知識《ちしき》の詰《つ》め込《こ》み教育《きょういく》」に強《つよ》く反対《はんたい》していて、その方針《ほうしん》は、給費生《きゅうひせい》たちに対《たい》しても貫《つらぬ》かれました。

拾芳会雑誌《しゅうほうかいざっし》『拾芳《しゅうほう》』

第《だい》1回拾芳会《かいしゅうほうかい》(1918年《ねん》、中央右《ちゅうおうみぎ》が釟三郎《はちさぶろう》)

給費生《きゅうひせい》たちは、初《はじ》めに誓約書《せいやくしょ》を提出《ていしゅつ》しました。人類共存《じんるいきょうぞん》の主義《しゅぎ》をもって国《くに》のために力《ちから》を尽《つ》くし、人格《じんかく》の修養《しゅうよう》に努《つと》めることなどを誓《ちか》ったのです。給費生《きゅうひせい》は、釟三郎《はちさぶろう》の自宅《じたく》や東京《とうきょう》の寮《りょう》に住《す》み込《こ》みました。全員《ぜんいん》が共同生活《きょうどうせいかつ》です。パブリックスクールの校長寮《こうちょうりょう》ではありませんが、平生宅《ひらおたく》では、釟三郎《はちさぶろう》も一緒《いっしょ》に食卓《しょくたく》を囲《かこ》みました。そのことが、釟三郎《はちさぶろう》と給費生《きゅうひせい》たちをより親《した》しくさせ、釟三郎《はちさぶろう》をまるで父親《ちちおや》のような存在《そんざい》にしたのです。

そして、釟三郎自《はちさぶろうみずか》らこの事業《じぎょう》を「拾芳会《しゅうほうかい》」と呼《よ》ぶようになりました。良《よ》い香《かお》りを放《はな》ちながら落《お》ちてしまう花《はな》のつぼみを、自分《じぶん》が拾《ひろ》い集《あつ》めるという意味《いみ》です。国《くに》のため、そして本人《ほんにん》のためにも、有能《ゆうのう》な若者《わかもの》たちに学《まな》ぶ機会《きかい》を与《あた》えたいということでした。こうして釟三郎《はちさぶろう》は晩年《ばんねん》に至《いた》るまで奨学生制度《しょうがくせいせいど》を続《つづ》け、彼《かれ》の庇護《ひご》のもとで学業《がくぎょう》を終《お》えた給費生《きゅうひせい》の数《かず》は延《の》べ１５０人《にん》に達《たっ》しました。

ＯＢたちが病院設立《びょういんせつりつ》に奔走《ほんそう》

釟三郎《はちさぶろう》は60歳《さい》を過《す》ぎてから甲南病院《こうなんびょういん》の創設《そうせつ》のために奔走《ほんそう》します。彼《かれ》が思《おも》い描《えが》いていたのは、貧《まず》しい者《もの》も診療《しんりょう》が受《う》けられる病院《びょういん》でした。なかなか資金《しきん》が集《あつ》まらず諦《あきら》めかかったこともありますが、釟三郎《はちさぶろう》の苦《くる》しい状態《じょうたい》のなか、拾芳会《しゅうほうかい》ＯＢで医師《いし》になっている者《もの》が、甲南病院《こうなんびょういん》に勤《つと》めることを申《もう》し出《で》てくれたのです。これが、釟三郎《はちさぶろう》の支《ささ》えになって、甲南病院設立《こうなんびょういんせつりつ》へとつながっていきました。

コラム
02

財界人《ざいかいじん》のコミュニティ「観音林倶楽部《かんのんばやしくらぶ》」

経済界《けいざいかい》で活躍《かつやく》する釟三郎《はちさぶろう》（1935年頃《ねんごろ》、中央右《ちゅうおうみぎ》）

旧《きゅう》 阪急岡本駅《はんきゅうおかもとえき》付近《ふきん》（1922年頃《ねんごろ》）

大阪《おおさか》ー神戸間《こうべかん》に新《あら》たな文化圏《ぶんかけん》

明治以降《めいじいこう》、大阪《おおさか》は日本最大《にほんさいだい》の経済都市《けいざいとし》、そして神戸《こうべ》は東洋《とうよう》で最《もっと》も大《おお》きな港湾《こうわん》都市《とし》として栄《さか》えました。大阪《おおさか》ー神戸間《こうべかん》に鉄道《てつどう》が開通《かいつう》したのが1874（明治《めいじ》7）年《ねん》。また、1905（明治《めいじ》38）年《ねん》には阪神電鉄《はんしんでんてつ》が、1920（大正《たいしょう》9）年《ねん》には阪急電鉄《はんきゅうでんてつ》が、やはり大阪《おおさか》と神戸《こうべ》とを結《むす》ぶ路線《ろせん》を開業《かいぎょう》します。

こうした交通網《こうつうもう》の発達《はったつ》が沿線《えんせん》を住宅地《じゅうたくち》として発展《はってん》させました。とくに住吉駅《すみよしえき》のあった住吉村《すみよしむら》（当時《とうじ》）には、大物財界人《おおものざいかいじん》が広大《こうだい》な土地《とち》を購入《こうにゅう》して、大邸宅《だいていたく》を建《た》てていったのです。

朝日新聞創刊者《あさひしんぶんそうかんしゃ》の村山龍平《むらやまりゅうへい》、日本住宅株式会社社長《にほんじゅうたくかぶしきがいしゃしゃちょう》の阿部元太郎《あべげんたろう》、住友銀行《すみともぎんこう》初代支配人《しょだいしはいにん》であり甲南《こうなん》3法人《ほうじん》の初代理事長《しょだいりじちょう》である田邊貞吉《たなべさだきち》、日本生命創業者《にほんせいめいそうぎょうしゃ》の弘世助三郎《ひろせすけさぶろう》、鐘紡社長《かねぼうしゃちょう》の武藤山治《むとうさんじ》、野村財閥《のむらざいばつ》の野村徳七《のむらとくしち》、乾汽船社長《いぬいきせんしゃちょう》の乾新兵《いぬいしんべ》衛《え》、それに平生釟三郎《ひらおはちさぶろう》などです。

彼《かれ》らの邸宅《ていたく》は、いずれ劣《おと》らぬ西洋風建物《せいようふうたてもの》で、新時代《しんじだい》の芸術《げいじゅつ》、文化《ぶんか》もまた、この地《ち》にもたらされていきました。それが、後《のち》に「阪神間《はんしんかん》モダニズム」とも呼《よ》ばれる、文化的《ぶんかてき》な潮流《ちょうりゅう》をなしていったのです。

観音林倶楽部《かんのんばやしくらぶ》　室内《しつない》のビリヤードルーム

観音林倶楽部《かんのんばやしくらぶ》　外観《がいかん》

（『阪神間《はんしんかん》モダニズム』淡交社《たんこうしゃ》より転載《てんさい》　©1997「阪神間《はんしんかん》モダニズム」展実行委員会《てんじっこういいんかい》）

地域《ちいき》によるコミュニティ設立《せつりつ》

1912（明治《めいじ》45）年《ねん》、阿部元太郎《あべげんたろう》、田邊貞吉《たなべさだきち》らが発起人《ほっきにん》となって、この土《と》地《ち》に社交倶楽部《しゃこうくらぶ》として設立《せつりつ》したのが「観音林倶楽部《かんのんばやしくらぶ》」です。田園地帯《でんえんちたい》に2階建《かいだ》ての会館《かいかん》をつくり、碁《ご》やビリヤード、謡曲《ようきょく》も楽《たの》しめ、女性《じょせい》のために生《い》け花教室《ばなきょうしつ》が開《ひら》かれていました。

毎年《まいとし》、新年会《しんねんかい》が催《もよお》され、規約《きやく》も作成《さくせい》されました。会員《かいいん》は多《おお》いときで90名以上《めいいじょう》が名《な》を連《つら》ねていました。

なお、「観音林《かんのんばやし》」というのは土地《とち》の名《な》で、かつて、ここに観音堂《かんのんどう》が建《た》てられていて、水害《すいがい》によって流《なが》された後《あと》には松《まつ》の木《き》の林《はやし》になっていたそうです。

コミュニティ発《はつ》の教育機関《きょういくきかん》も

この観音林倶楽部《かんのんばやしくらぶ》の役割《やくわり》は、単《たん》に親交《しんこう》を深《ふか》めるためだけに留《とど》まりませんでした。十分《じゅうぶん》な教育施設《きょういくしせつ》もない時代《じだい》に、自分《じぶん》たちが得《え》た富《とみ》を教育《きょういく》という形《かたち》で社会《しゃかい》に還元《かんげん》するなど、意見《いけん》の交換《こうかん》の場《ば》でもあったのです。

そうした動《うご》きのなか、平生釟三郎《ひらおはちさぶろう》が中心《ちゅうしん》となって観音林倶楽部会員《かんのんばやしくらぶかいいん》たちと共《とも》に、甲南小学校《こうなんしょうがっこう》や中学校《ちゅうがっこう》、高校《こうこう》を設立《せつりつ》、発展《はってん》させていきました。文化的《ぶんかてき》な地域《ちいき》だけに、当時《とうじ》の画一的教育《かくいつてききょういく》とは異《こと》なる、それぞれが個性《こせい》あふれた自由《じゆう》な校風《こうふう》を形成《けいせい》していきました。

コラム
03

甲南《こうなん》のリベラルな校風《こうふう》と女学校《じょがっこう》

甲南小学校《こうなんしょうがっこう》第《だい》２回《かい》女子《じょし》卒業生《そつぎょうせい》

甲南小学校《こうなんしょうがっこう》第《だい》２回《かい》男子《だんし》卒業生《そつぎょうせい》

釟三郎《はちさぶろう》の自由教育《じゆうきょういく》は小学校《しょうがっこう》、中学校《ちゅうがっこう》から女学校《じょがっこう》へ

平生釟三郎《ひらおはちさぶろう》が思《おも》い描《えが》いた「画一的《かくいつてき》ではない教育《きょういく》」「詰《つ》め込《こ》みではない教育《きょういく》」は甲南小学校《こうなんしょうがっこう》、甲南中学校《こうなんちゅうがっこう》で実践《じっせん》されていきます。

甲南中学《こうなんちゅうがく》の創立理事《そうりつりじ》でもあった四本萬二《しもとまんじ》、安宅彌吉《あたかやきち》らが釟三郎《はちさぶろう》の考《かんが》えに強《つよ》く賛同《さんどう》し、住吉村《すみよしむら》での女学校設立《じょがっこうせつりつ》を提唱《ていしょう》したのは１９１９（大正《たいしょう》８）年《ねん》のことでした。

安宅《あたか》が女子校建設《じょしこうけんせつ》のための資金《しきん》を寄付《きふ》するなど着々《ちゃくちゃく》と準備《じゅんび》が進《すす》められ、ついに１９２０（大正《たいしょう》９）年《ねん》に誕生《たんじょう》したのが、甲南高等女学校《こうなんこうとうじょがっこう》だったのです。

校長《こうちょう》は、初《はじ》め甲南中学校長《こうなんちゅうがくこうちょう》の小森慶助《こもりけいすけ》が２つの学校《がっこう》の校長《こうちょう》を兼任《けんにん》します。しかし、兼務《けんむ》では自由教育《じゆうきょういく》を実現《じつげん》するのは難《むずか》しいと判断《はんだん》し、３年後《ねんご》、広島県立福《ひろしまけんりつふく》山高等女学校校長《やまこうとうじょがっこうこうちょう》だった表甚六《おもてじんろく》を新校長《しんこうちょう》として招《まね》きました。

表甚六《おもてじんろく》校長《こうちょう》の目指《めざ》したリベラル教育《きょういく》

当時《とうじ》、全国《ぜんこく》の高等女学校《こうとうじょがっこう》は、わずか４７０校《こう》だけでした。まだまだ「女子《じょし》に高等教育《こうとうきょういく》は不要《ふよう》」と考《かんが》えられていた時代《じだい》です。たとえ高等教育《こうとうきょういく》が受《う》けられたと

甲南高等女学校生徒《こうなんこうとうじょがっこうせいと》

旧制甲南高等学校生徒《きゅうせいこうなんこうとうがっこうせいと》

しても、文部省《もんぶしょう》は「家庭《かてい》の良《よ》き妻《つま》、母《はは》」を教育方針《きょういくほうしん》の中心《ちゅうしん》に置《お》いていました。

表校長《おもてこうちょう》は、こうした文部省《もんぶしょう》の方針《ほうしん》に真正面《ましょうめん》から異議《いぎ》を唱《とな》えます。あくまで人《にん》間《げん》としての成長《せいちょう》や人格《じんかく》の完成《かんせい》を目標《もくひょう》とし、個性《こせい》を尊重《そんちょう》、生徒《せいと》の自由《じゆう》を重《おも》んじる方針《ほうしん》を打《う》ち立《た》てました。

この女学校《じょがっこう》では、教師《きょうし》と生徒《せいと》の間《あいだ》には垣根《かきね》がなく、何《なん》でも自由《じゆう》に話《はな》し合《あ》える雰囲気《ふんいき》があったといいます。また、教育内容《きょういくないよう》もユニークかつレベルが高《たか》いものでした。自学創造《じがくそうぞう》を目指《めざ》して全校生《ぜんこうせい》が参加《さんか》する総合教育《そうごうきょういく》を実施《じっし》していたのです。

表校長《おもてこうちょう》は、赴任《ふにん》してから22年間《ねんかん》にわたって、自《みずか》らの教育理念《きょういくりねん》を貫《つらぬ》き、甲南高《こうなんこう》等女学校《とうじょがっこう》の自由教育《じゆうきょういく》は全国《ぜんこく》に広《ひろ》く知《し》られることになります。

創立《そうりつ》の理念《りねん》は、今《いま》も大《おお》きく育《そだ》ち続《つづ》ける

表校長《おもてこうちょう》は、常《つね》に「女性《じょせい》として豊《ゆた》かな教養《きょうよう》を身《み》につけ、すぐれた品性《ひんせい》を備《そな》えた気品《きひん》ある女性《じょせい》」を育《そだ》て上《あ》げたいと願《ねが》いつづけてきました。校訓《こうくん》「清《きよ》く　正《ただ》しく　優《やさ》しく　強《つよ》く」にそのような表校長《おもてこうちょう》の願《ねが》いが強《つよ》く表《あらわ》れています。

この教育理念《きょういくりねん》は、戦中《せんちゅう》、戦後《せんご》の激動《げきどう》をくぐり抜《ぬ》けた今《いま》も甲南女子中学《こうなんじょしちゅうがく》・高等《こうとう》学校《がっこう》の教育現場《きょういくげんば》に脈打《みゃくう》っていますし、これまでに巣立《すだ》っていった多《おお》くの卒業生《そつぎょうせい》の中《なか》にも息《いき》づいているのです。このようなことから、甲南高等女学校《こうなんこうとうじょがっこう》は、平生《ひらお》釟三郎《はちさぶろう》が種《たね》を蒔《ま》き、安宅彌吉《あたかやきち》が水《みず》をやり、表甚六《おもてじんろく》が育《そだ》てたといわれています。

平生釟三郎語録《ひらおはちさぶろうごろく》

正《ただ》しく強《つよ》く朗《ほが》らかに

釟三郎《はちさぶろう》の人生《じんせい》のモットー。たとえ逆境《ぎゃっきょう》にあるときでも、正義感《せいぎかん》を持《も》ち、強《つよ》い意志《いし》で行動《こうどう》し、明《あか》るく愉快《ゆかい》に過《す》ごせば、毎日《まいにち》が楽《たの》しくうまくいくものである。

常《つね》に備《そな》へよ

人生《じんせい》には予期《よき》せぬ大小《だいしょう》のトラブルがある。「備《そな》えあれば憂《うれ》いなし」というように、日頃《ひごろ》から生《い》きていくための知恵《ちえ》・技術《ぎじゅつ》・倫理感《りんりかん》を身《み》につけ、将来《しょうらい》に備《そな》えることが大切《たいせつ》だ。

共働互助《きょうどうごじょ》

社会《しゃかい》では立場《たちば》が違《ちが》っても、いっしょに働《はたら》き助《たす》け合《あ》わなくてはいけない。そのためには、お互《たが》いを尊重《そんちょう》し、力《ちから》を合《あ》わせて生《い》きていくことが理想《りそう》の社会《しゃかい》をつくることにつながる。

世界《せかい》に通用《つうよう》する紳士淑女《しんししゅくじょ》たれ

国際社会《こくさいしゃかい》における「世界《せかい》に通用《つうよう》する人間《にんげん》」とは、単《たん》に知的《ちてき》レベルの高《たか》い人《ひと》ではない。体《からだ》が健康《けんこう》で、健全《けんぜん》な常識《じょうしき》を持《も》った、他人《たにん》を尊重《そんちょう》できる個性豊《こせいゆた》かな人《ひと》こそがこれからの国際人《こくさいじん》だといえる。

すべて人《ひと》は皆天才《みなてんさい》である

人《ひと》には誰《だれ》でも天賦《てんぶ》の才能《さいのう》がある。ただその程度《ていど》に金銀銅鉄《きんぎんどうてつ》という違《ちが》いがあるだけだ。誰《だれ》もが金《きん》にならなくてもよい。皆《みな》がお互《たが》いの個性《こせい》を認《みと》め、自分《じぶん》できちんと考《かんが》えられる人《ひと》になるべきだ。

第3章

国《くに》へ、社会《しゃかい》へ、いつも恩返《おんがえ》しの心《こころ》で

「人生三分論《じんせいさんぶんろん》」で奉仕《ほうし》の時代《じだい》へ

1924(大正《たいしょう》13)年《ねん》9月《がつ》
釟三郎《はちさぶろう》59歳《さい》 関東大震災《かんとうだいしんさい》の翌年《よくねん》
ヨーロッパ・アメリカを経《へ》て
ブラジルへと向《む》かう海外視察《かいがいしさつ》に出《で》た
ザザザ
ザザン
ミスターヒラオ退屈《たいくつ》してるみたいだな
本《ほん》でも読《よ》むかい?
8か月《げつ》という長《なが》い旅《たび》であった
私《わたし》はもう読《よ》んだので
ありがとう
お借《か》りしますよ

十分《じゅうぶん》なる生活資料《せいかつしりょう》を有《ゆう》することを知《し》り、且足《かつた》れるを知《し》るのみならず、他人《たにん》の為《ため》に力《ちから》を藉《か》し、実際《じっさい》に於《お》いて我々《われわれ》は同胞《どうほう》の世話人《せわにん》なること」としている。

その本《ほん》は
印刷業《いんさつぎょう》で大富豪《だいふごう》と
なったエドワード・
ボックという人物《じんぶつ》の
自叙伝《じじょでん》だった
この本《ほん》に
※人生三分論《じんせいさんぶんろん》という
言葉《ことば》が出《で》ている
人《ひと》は
その一生《いっしょう》を
3期《き》に分《わ》けて
初《はじ》めて完全《かんぜん》な
人生《じんせい》をおくる
ことができる
第《だい》1期《き》は
自己《じこ》を教育《きょういく》する
時代《じだい》
第《だい》2期《き》は
社会《しゃかい》で働《はたら》く
時代《じだい》
……
私《わたし》と同《おな》じ考《かんが》えを
する人《ひと》がいたなんて！

※人生三分論《じんせいさんぶんろん》…1913（大正《たいしょう》2）年《ねん》11月《がつ》25日《にち》と1915（大正《たいしょう》4）年《ねん》6月《がつ》4日《にち》の「平生釟三郎日記《ひらおはちさぶろうにっき》」によると、「人生《じんせい》三分論《さんぶんろん》」の第《だい》1期《き》は「修行時代《しゅぎょうじだい》」、第《だい》2期《き》は「自己及《じこおよ》び家族《かぞく》の為《ため》に自立《じりつ》を為《な》す時代《じだい》」、第《だい》3期《き》は「社会奉仕《しゃかいほうし》、自己《じこ》が

ならば
第3期《だいき》は…
!
本《ほん》には「自己《じこ》の事業《じぎょう》より離《はな》れて他人《たにん》のために尽力《じんりょく》する時代《じだい》」とあった
それは釟三郎《はちさぶろう》が常々《つねづね》考《かんが》えていたことだった
その通《とお》りだ…
「……私《わたし》も60歳《さい》を超《こ》えた…
これからは社会奉仕《しゃかいほうし》に専念《せんねん》するべきだろう」
私《わたし》の第3期《だいき》は…
決《き》まった!
君《きみ》電報《でんぽう》を打《う》ちたいのだが
通信室《つうしんしつ》はどこかね?
♪
…あれは元気《げんき》の出《で》る本《ほん》だったかな?
?

東京海上《とうきょうかいじょう》 東京本社《とうきょうほんしゃ》
各務専務《かがみせんむ》 平生専務《ひらおせんむ》からの 電報《でんぽう》です
！
おい！ 平生君《ひらおくん》がまた 会社《かいしゃ》を辞《や》めると 言《い》ってきた！
しかし専務《せんむ》… 平生専務《ひらおせんむ》はいま海外視察《かいがいしさつ》へ 行《い》かれているのでは？
その船上《せんじょう》 からの電報《でんぽう》だよ
東京海上《とうきょうかいじょう》に 平生君《ひらおくん》がいなくては 困《こま》るが…
まあ…
言《い》い出《だ》したら 聞《き》かない人《ひと》だからな
釟三郎《はちさぶろう》は帰国《きこく》した後《のち》の大正《たいしょう》14年《ねん》 正式《せいしき》に東京海上保険会社《とうきょうかいじょうほけんがいしゃ》 専務取締役《せんむとりしまりやく》を辞任《じにん》した
釟三郎《はちさぶろう》は 東京海上《とうきょうかいじょう》を退《しりぞ》いた翌年《よくねん》 甲南学園《こうなんがくえん》の理事長《りじちょう》に 就任《しゅうにん》する
社会奉仕《しゃかいほうし》という 道《みち》に向《む》かって
釟三郎《はちさぶろう》の新《あら》たな 人生《じんせい》のページが 始《はじ》まろうとしていた

今《いま》までにない医療《いりょう》を実現《じつげん》した病院《びょういん》

ある日《ひ》　釟三郎《はちさぶろう》が面倒《めんどう》を
みている拾芳会《しゅうほうかい》の門下生《もんかせい》が
病院《びょういん》に運《はこ》ばれた
支払窓口
おいくらかな?
ペラペラ
治療費《ちりょうひ》のほか 特別《とくべつ》の謝礼《しゃれい》50円《えん》も 支払《しはら》ってもらいます
謝礼《しゃれい》だと!?
謝礼《しゃれい》というのはお礼《れい》に 出《だ》すものでもらうほうが 要求《ようきゅう》するものでは ないだろう!

健康保険《けんこうほけん》などなかった時代《じだい》
当時《とうじ》の病院《びょういん》はお金持《かねも》ちだけを相手《あいて》にしており
貧《まず》しい者《もの》が治療《ちりょう》を受《う》けられなかった
貧《まず》しいというだけで診療《しんりょう》も受《う》けられず薬《くすり》ももらえず亡《な》くなる人《ひと》がたくさんいた
まったくひどい話《はなし》だ
命《いのち》の価値《かち》はみんな平等《びょうどう》なはずだ…
平生
貧《まず》しいというだけで診療《しんりょう》も受《う》けられない…
こんな医療制度《いりょうせいど》はどこかおかしい…
佳子《よしこ》……
……信枝《のぶえ》…

良《よ》い病院《びょういん》があれば…
医療制度《いりょうせいど》が整《ととの》っていれば
お前《まえ》たちは死《し》なずに
すんだのに
苦《くる》しい思《おも》いを
させることも
なかったのに
貧《まず》しいが故《ゆえ》に
お前《まえ》たちと同《おな》じように
苦《くる》しんでいる人々《ひとびと》が
多《おお》くいる
よし！
病院《びょういん》を
つくるぞ！
病人《びょうにん》のための
病院《びょういん》を…！
恵《めぐ》まれない人《ひと》たちの
ための病院《びょういん》を!!
こうして
病院《びょういん》づくりは
スタートした
平生
だが…
病人《びょうにん》のための
病院《びょういん》を！
だめだめ！
そんな儲《もう》からない
病院《びょういん》にお金《かね》は
出《だ》せないよ
病院《びょういん》のために
土地《とち》を売《う》れ？
そんなバイ菌《きん》の
集《あつ》まる所《ところ》に
売《う》れないね！

どうか…
うちの病院《びょういん》で 働《はたら》いて くれませんか！
そんな ボランティア みたいな病院《びょういん》で
ちゃんと給料《きゅうりょう》 貰《もら》えるんですかね？
だめか…
ダメだね お断《ことわ》りだよ！
出資者《しゅっししゃ》を求《もと》めて いろいろな人《ひと》を訪《たず》ねたり お金持《かねも》ちに手紙《てがみ》を書《か》くが すべて断《ことわ》られてしまう
まだまだ…
ヨロッ…
どうしました 平生先生《ひらおせんせい》！
先生《せんせい》!!
大丈夫《だいじょうぶ》だ… 心配《しんぱい》ない
私《わし》は 負《ま》けない！
絶対《ぜったい》に 諦《あきら》めないぞ!!
釟三郎《はちさぶろう》は 何年《なんねん》も何年《なんねん》も 資金集《しきんあつ》め、土地《とち》の購入《こうにゅう》、 医者集《いしゃあつ》めにかけ回《まわ》った
ある日《ひ》のこと
ごめんください
平生
あら！
横山君《よこやまくん》 久《ひさ》しぶりね

それは釟三郎《はちさぶろう》が育《そだ》てた
拾芳会員《しゅうほうかいいん》の横山《よこやま》で
あった
医学《いがく》を学《まな》び
医者《いしゃ》になっていた
横山君《よこやまくん》！
先生《せんせい》！
平生先生《ひらおせんせい》が病院《びょういん》をつくろうと
苦労《くろう》されていると聞《き》いて
何《なに》かお手伝《てつだ》いできることは
ないかと
病院《びょういん》をやめて
きたんです
本当《ほんとう》か……
ありがとう
少《すこ》しずつ釟三郎《はちさぶろう》の
思《おも》いが周《まわ》りに伝《つた》わり
協力者《きょうりょくしゃ》が現《あらわ》れ
はじめた
次《つぎ》は病院《びょういん》を建《た》てる
ための土地《とち》を
買《か》わねばならな
かった
村民《そんみん》に理解《りかい》を得《え》るため
釟三郎《はちさぶろう》は住吉村《すみよしむら》の
村会議員《そんかいぎいん》も務《つと》めた
1931（昭和《しょうわ》6）年《ねん》
病院設立《びょういんせつりつ》の認可《にんか》がおり
3年後《ねんご》
ついに甲南病院《こうなんびょういん》ができた
105

これは うまい！
そうですか? それはよかった
うちのばあさんの作《つく》る 飯《めし》より美味《おい》しいわい！
料理《りょうり》は美味《おい》しいし 看護婦《かんごふ》さんは若《わか》くて キレイだし……
ばあさんなんぞ もういらんな！
カチャ
モグモグ
キイッ
あら
じいさんが お世話《せわ》に なってます
ヒクヒク
……
パタン
何《なに》か 言《い》ったか!!
ぎゃあ！
この当時《とうじ》 栄養面《えいようめん》に注意《ちゅうい》を払《はら》った 病院食《びょういんしょく》を出《だ》すところは ほとんどなかった
くやしい!!
おちつけ!!
栄養《えいよう》をつけないと治《なお》らない という当《あ》たり前《まえ》のことを 甲南病院《こうなんびょういん》では すでに実践《じっせん》していた
あいたっ！

お騒《さわ》がせしました…
いいんですよ
付《つ》き添《そ》いをしなくてもいいんでしょうか?
うちは完全看護《かんぜんかんご》ですから心配《しんぱい》いりませんよ
看護婦《かんごふ》がすべてやってくれます
そんな…
じゃあ治療費《ちりょうひ》もかなり高《たか》いのでしょうね…
それも大丈夫《だいじょうぶ》
この病院《びょういん》では払《はら》えるだけでいいんです
では…
あ、ありがとうございます…
何《なん》とうれしいことやら
ペコッ
人間愛《にんげんあい》の精神《せいしん》に基《もと》づき悩《なや》める病人《びょうにん》のための病院《びょういん》たらん

釟三郎《はちさぶろう》は病人《びょうにん》のための
病院《びょういん》でありたいと願《ねが》い
それを実践《じっせん》していった
何《なに》しろ開院後《かいいんご》
6か月間《げつかん》に訪《おとず》れた
患者《かんじゃ》が
2万《まん》5000人《にん》
そのうち599人《にん》の
医療費《いりょうひ》を免除《めんじょ》したのだから
釟三郎《はちさぶろう》が望《のぞ》んだとおりの
病人《びょうにん》のための病院《びょういん》が生《う》まれた
のである
わが身《み》をば
神《かみ》の使《つか》いと思《おも》いなば
身《み》すこやかに
心《こころ》ほがらか

神戸市民《こうべしみん》のため川崎造船所《かわさきぞうせんじょ》の再建《さいけん》を

昭和《しょうわ》の初《はじ》め
アメリカから始《はじ》まった
大不況《だいふきょう》は世界中《せかいじゅう》に広《ひろ》がった
日本《にほん》もまた不況《ふきょう》の波《なみ》に
のみこまれてしまった
……
I HAVE BEEN OUT OF WORK FOR 3 MONTHS. I ONLY NEED ONE JOB.
平生《ひらお》は英字新聞《えいじしんぶん》を
読《よ》んでいたので
そのニュースをいち早《はや》く
知《し》った
日本《にほん》も大変《たいへん》なことに
なるかもしれないな
WEEKLY
川崎造船所《かわさきぞうせんじょ》
ごく

日本《にほん》にも不況《ふきょう》の波《なみ》は
押《お》し寄《よ》せていた
神戸《こうべ》の街《まち》には
川崎造船所《かわさきぞうせんじょ》の関係《かんけい》の
人《ひと》たちが10万人以上《まんにんいじょう》も
暮《く》らしていた
休業中
当時《とうじ》の神戸市《こうべし》の人口《じんこう》は
50万人《まんにん》だから
5人《にん》に1人《ひとり》は関係者《かんけいしゃ》
だったのである
この会社《かいしゃ》が倒産《とうさん》となると
それらの人《ひと》たちが一瞬《いっしゅん》で
路頭《ろとう》に迷《まよ》う可能性《かのうせい》があった
裁判所
川崎造船所《かわさきぞうせんじょ》の借金《しゃっきん》は
1億《おく》5000万円《まんえん》ほど
現在《げんざい》のお金《かね》になおすと
6兆《ちょう》~7兆円《ちょうえん》という
とんでもない金額《きんがく》であった
いつ倒産《とうさん》してもおかしくない
だから※お金《かね》を貸《か》している者《もの》たちは
少《すこ》しでも取《と》り返《かえ》そうと裁判所《さいばんしょ》に
訴《うった》えかけた
平生《ひらお》さん
あなたのお力《ちから》を
貸《か》してくれないか?
平生

※川崎造船所《かわさきぞうせんじょ》の債権者《さいけんしゃ》…1931（昭和《しょうわ》6）年当時《ねんとうじ》1万数千人《まんすうせんにん》。

あなたのお力《ちから》が必要《ひつよう》なのです うちの会社《かいしゃ》を救《すく》ってください
川崎造船所重役《かわさきぞうせんじょじゅうやく》 四本《しもと》 萬二《まんじ》
うちの会社《かいしゃ》の整理委員《せいりいいん》になってくれませんか
川崎造船所社長《かわさきぞうせんじょしゃちょう》 松方《まつかた》 幸次郎《こうじろう》
整理委員《せいりいいん》とはお金《かね》を貸《か》している方《かた》と会社《かいしゃ》の間《あいだ》に立《た》って話《はな》し合《あ》わせるいわばケンカの仲裁役《ちゅうさいやく》だ
松方《まつかた》さんや四本《しもと》さんの重役陣《じゅうやくじん》は破産《はさん》になっても資産《しさん》もあり大丈夫《だいじょうぶ》でしょう 他《ほか》の人《ひと》にお願《ねが》いしてくださいよ
3～4日後《にちご》
あなた 神戸市長《こうべしちょう》さんがおみえですよ
川崎《かわさき》のことをもう一度《いちど》お願《ねが》いしに来《き》たのです
神戸市長《こうべしちょう》 鹿島《かじま》 房次郎《ふさじろう》
私《わたし》ももう60を過《す》ぎたんですよ 学校《がっこう》と病院《びょういん》の仕事《しごと》だけで精一杯《せいいっぱい》なんです
平生《ひらお》さん 川崎造船所《かわさきぞうせんじょ》が倒産《とうさん》するとどうなるかわかりますか?
何万人《なんまんにん》という神戸市民《こうべしみん》が生活《せいかつ》できなくなってしまうんです
何《なん》とかお願《ねが》いします
お断《ことわ》りするのですか?
ああ…
先生《せんせい》…
先生《せんせい》 私《わたし》の父《ちち》も川崎造船所《かわさきぞうせんじょ》で働《はたら》いています
実家《じっか》にはたくさんの兄弟《きょうだい》たちがいます

※借金《しゃっきん》の一部《いちぶ》…8%にあたる。現在《げんざい》の価値《かち》に換算《かんさん》すると約《やく》5,000億円《おくえん》。

実《じつ》はみんなで相談《そうだん》したんだが…
平生さん….
川崎造船所《かわさきぞうせんじょ》の社長《しゃちょう》になってもらえないだろうか
あなたならこの会社《かいしゃ》を再建《さいけん》できる!
そんな
待《ま》ってください
私《わたし》はあくまで債権者《さいけんしゃ》と会社《かいしゃ》との間《あいだ》を取《と》り持《も》っただけで
これが終《お》われば学校《がっこう》に戻《もど》るつもりですよ
整理委員《せいりいいん》としての仕事《しごと》ぶりをみてみんなで決《き》めたのです
あなたしかいないんだ
ズッ
お願《ねが》いだ
まいったな…
一《ひと》つの大仕事《おおしごと》が終《お》わると必《かなら》ず次《つぎ》の大仕事《おおしごと》が釟三郎《はちさぶろう》に来《く》る
社会《しゃかい》が釟三郎《はちさぶろう》を放《ほう》っておかなかったのだ
わかりました引《ひ》き受《う》けましょう
キッパリ
ただし条件《じょうけん》がありますよ
何《なん》でも言《い》ってください
再建《さいけん》のめどがつけばすぐ社長《しゃちょう》をおります
再建!
いいでしょう
もう一《ひと》つは社長《しゃちょう》の給料《きゅうりょう》は受《う》け取《と》りません
は?

私《わたし》としては川崎造船所《かわさきぞうせんじょ》の社長《しゃちょう》は社会奉仕《しゃかいほうし》の一《ひと》つとして引《ひ》き受《う》けるのです
報酬《ほうしゅう》を受《う》け取《と》るわけにはいきません
わかりました
ではお引《ひ》き受《う》けしましょう
釟三郎《はちさぶろう》は川崎造船所《かわさきぞうせんじょ》の社長《しゃちょう》に就任《しゅうにん》した
すでにこのとき67歳《さい》
これまでの釟三郎《はちさぶろう》は学校《がっこう》や病院《びょういん》にかかわってはきたものの人生《じんせい》のほとんどを保険会社《ほけんがいしゃ》で過《す》ごしてきた
造船《ぞうせん》のことは一《いち》から勉強《べんきょう》しなければならない
釟三郎《はちさぶろう》は会社内《かいしゃない》をとにかく歩《ある》いた
やあ
お疲《つか》れ様《さま》
釟三郎《はちさぶろう》は社員《しゃいん》のクビを切《き》らずに会社《かいしゃ》を立《た》て直《なお》そうと考《かんが》えた

そのため釟三郎《はちさぶろう》自《みずか》ら
いくつかの大会社《だいがいしゃ》へ
営業《えいぎょう》に出向《でむ》いた
川崎《かわさき》で船《ふね》を造《つく》ってくれないか？
釟三郎《はちさぶろう》は社員《しゃいん》を守《まも》るため懸命《けんめい》に働《はたら》いたのだった
そのころ軍国主義《ぐんこくしゅぎ》の波《なみ》は学校《がっこう》にも押《お》し寄《よ》せていた
ザッ
ザッ
ザッ
1934（昭和《しょうわ》9）年《ねん》1月《がつ》
甲南高等学校《こうなんこうとうがっこう》
マルクス読
授業《じゅぎょう》の中《なか》に軍事教練《ぐんじきょうれん》が加《くわ》えられた
エイッ
エイッ
エイッ
ドキドキ
ドキドキ

警察《けいさつ》だ！
お前《まえ》ら出《で》ろ!!
※マルクスの本《ほん》の読書会《どくしょかい》で生徒《せいと》たちが警察《けいさつ》に連《つ》れていかれてしまったのだ
甲南高校生 治安維持法により検挙!!
当時《とうじ》軍国主義《ぐんこくしゅぎ》であった日本《にほん》ではマルクスの唱《とな》える共産主義《きょうさんしゅぎ》は禁止《きんし》されていたのである
平生校長《ひらおこうちょう》にすぐ連絡《れんらく》しよう
川崎造船所《かわさきぞうせんじょ》
このとき釟三郎《はちさぶろう》は川崎造船所《かわさきぞうせんじょ》の社長《しゃちょう》も務《つと》めており忙《いそが》しい毎日《まいにち》だった
平生社長《ひらおしゃちょう》！甲南高等学校《こうなんこうとうがっこう》からお電話《でんわ》です！生徒《せいと》たちが検挙《けんきょ》されたようです！
なに！すぐに生徒《せいと》たちのところへ行《い》く!!
ガタッ

※カール・マルクス（1818〜83）…ドイツの哲学者《てつがくしゃ》。資本主義《しほんしゅぎ》を分析《ぶんせき》した『資本論《しほんろん》』の著者《ちょしゃ》。国際労働運動《こくさいろうどううんどう》と革命《かくめい》運動《うんどう》の理論的指導者《りろんてきしどうしゃ》。

社会《しゃかい》に絶大《ぜつだい》な信用《しんよう》があった釟三郎自《はちさぶろうみずか》らもらいうけに行《い》ったため生徒《せいと》たちは無事《ぶじ》に帰《かえ》ることができた
おっ来《き》たぞ!
父母《ふぼ》たちは釟三郎《はちさぶろう》が生徒《せいと》たちをもらいうけたことも非難《ひなん》する
甲南《こうなん》を信用《しんよう》して息子《むすこ》を任《まか》せていたのにマルクス主義者《しゅぎしゃ》が出《で》るとは何《なに》ごとか!
※マルクス・レーニン主義者《しゅぎしゃ》をなぜ退学《たいがく》にしないんだ!
共産主義者《きょうさんしゅぎしゃ》など即刻退学《そっこくたいがく》にしろ!

※マルクス・レーニン主義《しゅぎ》…マルクスの考《かんが》え方《かた》を受《う》け継《つ》いで、ロシアのウラジミール・レーニンが唱《とな》えた共産主義《きょうさんしゅぎ》。レーニンはロシア革命《かくめい》を成功《せいこう》させソビエト連邦《れんぽう》を建国《けんこく》した。

しかし
そのような声《こえ》に
惑《まど》わされる
釟三郎《はちさぶろう》ではなかった
生徒《せいと》を撮《と》らないでください！
撮《と》るなら私《わたし》を撮《と》りなさい！
自分《じぶん》を信用《しんよう》し
任《まか》せてほしいと
父母《ふぼ》を説得《せっとく》した
甲南高等学校《こうなんこうとうがっこう》
やはり生徒《せいと》たちは退学《たいがく》させるしかないでしょうか
生徒《せいと》には
いかなる処分《しょぶん》もしない！
ふつうは逮捕《たいほ》されれば
釈放《しゃくほう》されることなど
考《かんが》えられない時代《じだい》だった
校長室
君《きみ》たち
世《よ》の中《なか》には
たくさんの思想《しそう》があるんだ
学生時代《がくせいじだい》はそれらの
多《おお》くの思想《しそう》を学《まな》ぶ時《とき》だ
私《わたし》は君《きみ》たちがどんな本《ほん》を
読《よ》もうと叱《しか》ったりしない

ただ今《いま》は
どの考《かんが》え方《かた》が正《ただ》しいか
信《しん》じられるものなのかを
学《まな》びなさい
正《ただ》しい
信《しん》じられる考《かんが》え方《かた》が
あるのなら
社会人《しゃかいじん》になってから
その道《みち》に進《すす》みなさい
そのときは
私《わたし》も応援《おうえん》しよう
はい
学生時代《がくせいじだい》には
一《ひと》つの思想《しそう》に偏《かたよ》る
ことなく
広《ひろ》く勉強《べんきょう》せよ！

甲南高校《こうなんこうこう》の問題《もんだい》も解決《かいけつ》した ある日《ひ》の川崎造船所《かわさきぞうせんじょ》
医務室
医務室《いむしつ》か…
ずい分《ぶん》 人《ひと》が来《き》てるな…
ギュウ ギュウ
これではダメだ きちんとした病院《びょういん》を つくらなければ
工場《こうじょう》・昼休《ひるやす》み
私《わたし》は中学生《ちゅうがくせい》のころ 弁当《べんとう》も持《も》っていけなくて いつも腹《はら》を空《す》かして いたんだ
それは大変《たいへん》でしたね
ところで どんな弁当《べんとう》を 持《も》ってきている んだい?
はずかしいな～
これじゃ 力《ちから》が出《で》ないだろ… 何《なん》とかしないとな
貧《まず》しくて… これが精《せい》いっぱいなんです
翌日《よくじつ》 給食弁当《きゅうしょくべんとう》が出《で》た
わぁ～
カパッ
これで仕事《しごと》に せいを出《だ》せるぞ!

釟三郎《はちさぶろう》は働《はたら》きやすい
環境《かんきょう》が必要《ひつよう》だと考《かんが》えた
会社内《かいしゃない》に病院《びょういん》を建《た》て
ご飯《はん》とタクアンだけだった
弁当《べんとう》を栄養《えいよう》のある弁当《べんとう》に変《か》えた
工員《こういん》のための学校《がっこう》
「東山学校《ひがしやまがっこう》」も
設立《せつりつ》した
こうして着実《ちゃくじつ》な改革《かいかく》を
つづけることで
川崎造船所《かわさきぞうせんじょ》は息《いき》を
吹《ふ》き返《かえ》すことになった
川崎造船所《かわさきぞうせんじょ》も
落《お》ちついたころ
釟三郎自《はちさぶろうみずか》らの歩《ある》く営業《えいぎょう》により
軍艦《ぐんかん》やタンカーを次々《つぎつぎ》に受注《じゅちゅう》
社長《しゃちょう》を引《ひ》き受《う》けてから
わずか2年間《ねんかん》で
川崎造船所《かわさきぞうせんじょ》の利益《りえき》は
一気《いっき》に3倍《ばい》近《ちか》くまで伸《の》びていった
1935（昭和《しょうわ》10）年《ねん》4月《がつ》6日《か》
釟三郎《はちさぶろう》は
ブラジルへの経済使節団《けいざいしせつだん》の
団長《だんちょう》として行《い》くことになった
民間人《みんかんじん》としてはめずらしいことだった

※広田弘毅《ひろたこうき》（1878〜1948）…政治家《せいじか》。1936（昭和《しょうわ》11）年《ねん》、2・26事件《じけん》で総辞職《そうじしょく》した岡田内閣《おかだないかく》の後《あと》を継《つ》ぎ、第《だい》32代《だい》内閣総理大臣《ないかくそうりだいじん》となる。第《だい》2次世界大戦後《じせかいたいせんご》、極東国際軍事裁判《きょくとうこくさいぐんじさいばん》で文官《ぶんかん》として唯一《ゆいいつ》、絞首刑《こうしゅけい》に処《しょ》せられた。

そして釟三郎《はちさぶろう》に
使節団団長《しせつだんだんちょう》となるよう
依頼《いらい》した
釟三郎《はちさぶろう》
70歳《さい》であった
大《おお》いに悩《なや》むが
「これも奉仕《ほうし》である」
という結論《けつろん》に
いたるのである
この時《とき》も
釟三郎《はちさぶろう》は
無報酬《むほうしゅう》を貫《つらぬ》く
のだった
社会奉仕《しゃかいほうし》
だからである
また奉仕《ほうし》の仕事《しごと》に
就《つ》いてしまいましたね
まったくだ
これで最後《さいご》だろう
いいえ まだまだ
あなたを待《ま》っている
仕事《しごと》があるような気《き》が
しますわ
この釟三郎《はちさぶろう》の妻《つま》の
予感《よかん》は当《あ》たる
それはブラジルから
戻《もど》ってから現実《げんじつ》になる
ことになる
イヤ〜
もう私《わたし》は
年《とし》だよ・・・・

長《なが》い船旅《ふなたび》のすえに
ようやくブラジルへ
ブラジル
ブラジル滞在《たいざい》は
7か月間《げつかん》におよんだ
JAPANE
NO!!
ブラジル・サンパウロ
歓迎《かんげい》パーティー
ブラジルでも
釟三郎《はちさぶろう》は
懸命《けんめい》に自分《じぶん》の足《あし》で
見《み》てまわった

Let's dance.
(踊《おど》りましょう)
I cannot dance.
(私《わたし》は踊《おど》れないんだ)
グイッ
ギュッ
ガッ
グキ
ブン
Good-bye!
(さよなら)
ドスドス
仕事《しごと》は優秀《ゆうしゅう》な
釟三郎《はちさぶろう》だったが
音楽《おんがく》やダンスは大《だい》の苦手《にがて》
だった
ポリポリ…
ブラジルでは
ほとんど休《やす》みもない
毎日《まいにち》である
クラ…
先生《せんせい》!
平生《ひらお》先生《せんせい》!!

さすがの釟三郎《はちさぶろう》も
体調《たいちょう》を壊《こわ》してしまう
チフスに罹《かか》って
入院《にゅういん》した
あなた・・・
ぐっ
大丈夫《だいじょうぶ》だ
ニコ・・・
心配《しんぱい》いらないよ
川崎造船所《かわさきぞうせんじょ》で
債権者《さいけんしゃ》や会社側《かいしゃがわ》と
何度《なんど》も何度《なんど》も
交渉《こうしょう》したように
ブラジルでも
粘《ねば》り強《づよ》い交渉《こうしょう》を
つづけた
釟三郎《はちさぶろう》は
移民問題《いみんもんだい》は時間《じかん》をかけて
解決《かいけつ》するものであり
まずは両国《りょうこく》が
より良《よ》いパートナーに
なることが先決《せんけつ》だと
考《かんが》えていた
まず日本《にほん》が
ブラジルの綿花《めんか》を
輸入《ゆにゅう》することで
ブラジル経済《けいざい》に貢献《こうけん》し
移民《いみん》の道《みち》が
閉《と》ざされないように
しようと考《かんが》えたのだった

ニコッ
そして ついには 貿易額《ぼうえきがく》を10倍以上《ばいいじょう》に 押《お》し上《あ》げることに成功《せいこう》する
この後釟三郎《あとはちさぶろう》は 移民《いみん》たちの農業《のうぎょう》への支援《しえん》 だけでなく
ブラジルで 生《い》きていくために 銀行《ぎんこう》や会社《かいしゃ》をつくるなどの 事業《じぎょう》をおしすすめた
そのとき釟三郎《はちさぶろう》の手足《てあし》と なったのが拾芳会門下生《しゅうほうかいもんかせい》の 宮坂國人《みやさかくにと》である
宮坂《みやさか》 國人《くにと》
帰国後《きこくご》も 釟三郎《はちさぶろう》はブラジル 移民支援《いみんしえん》に 全面的《ぜんめんてき》に協力《きょうりょく》 していくことになる
当時《とうじ》 軍国主義《ぐんこくしゅぎ》により 世界《せかい》から 孤立《こりつ》しつつあった 日本《にほん》を
ブラジルとの 関係《かんけい》を強化《きょうか》していくことで 孤立《こりつ》を防《ふせ》ぎ 戦争回避《せんそうかいひ》を目指《めざ》していたからである
「戦争回避《せんそうかいひ》」
それを国家《こっか》と国民《こくみん》への 奉仕《ほうし》であると 釟三郎《はちさぶろう》は考《かんが》えていたのだった

ブラジルから帰国後《きこくご》
釟三郎《はちさぶろう》は川崎造船所《かわさきぞうせんじょ》の
社長《しゃちょう》を正式《せいしき》にやめた
平生釟三郎社長送別会
人間《にんげん》は神《かみ》や
仏《ほとけ》ではありません
失敗《しっぱい》もたくさん
するでしょう
そして
失敗《しっぱい》があるからこそ
改良《かいりょう》すべきことが
あるのです
失敗《しっぱい》を恐《おそ》れず
頑張《がんば》ってください
パチ
パチ
パチ
パチ
ようやく自由《じゆう》になった
釟三郎《はちさぶろう》であったが
またもや社会《しゃかい》が彼《かれ》を
放《ほう》っておかなかった

1936(昭和《しょうわ》11)年《ねん》
二《に》・二六《にろく》事件《じけん》の後《あと》
広田弘毅《ひろたこうき》が総理大臣《そうりだいじん》となる
ブラジル経済使節団《けいざいしせつだん》の
団長《だんちょう》を釟三郎《はちさぶろう》に依頼《いらい》した
ときの外務大臣《がいむだいじん》である
広田《ひろた》は釟三郎《はちさぶろう》に
文部大臣《もんぶだいじん》に
なってほしいと
頼《たの》んでくる
これまで考《かんが》えつづけて
きた教育《きょういく》への思《おも》いを
より広《ひろ》く実現《じつげん》しようと
釟三郎《はちさぶろう》は引《ひ》き受《う》ける
ことにする
当時《とうじ》としてはめずらしかった
民間《みんかん》の経済人出身《けいざいじんしゅっしん》の
文部大臣《もんぶだいじん》の誕生《たんじょう》であった
釟三郎《はちさぶろう》は義務教育《ぎむきょういく》を
2年間延長《ねんかんえんちょう》し 8年間《ねんかん》に
することを政策《せいさく》の柱《はしら》に掲《かか》げた
国《くに》の発展《はってん》は国民《こくみん》の
教育水準《きょういくすいじゅん》によるものだ
小学校《しょうがっこう》の6年間《ねんかん》では
まったく足《た》りない
少《すく》なくとも8年間《ねんかん》の
基礎教育期間《きそきょういくきかん》が
必要《ひつよう》である
何《なに》を悠長《ゆうちょう》なことを
言《い》っとるか!
戦地《せんち》では一刻《いっこく》も早《はや》く
若《わか》い兵隊《へいたい》をほしがって
おるのだ!
何《なん》だと!!

どうせ戦地《せんち》へ送《おく》られるのだから！
適当《てきとう》な教育《きょういく》で済《す》ませてしまえばよいというのか!!
教育《きょういく》は兵隊《へいたい》を育《そだ》てるためのものではない！
教育《きょういく》とは人《ひと》を育《そだ》てるためのものだ!!
ぐぬぬきさま…
軍部《ぐんぶ》にたてつくつもりか！
何《なに》が軍部《ぐんぶ》か！
私《わたし》は国家《こっか》に仕《つか》えているのだ！軍部《ぐんぶ》に仕《つか》えているのではない！
釟三郎《はちさぶろう》も奮闘《ふんとう》したが軍部《ぐんぶ》の力《ちから》は日増《ひま》しに強《つよ》くなり内閣《ないかく》はしだいに圧力《あつりょく》を受《う》けるようになっていった
広田内閣総辞職
広田内閣《ひろたないかく》は1年《いちねん》もたたずに倒《たお》れてしまう
釟三郎《はちさぶろう》の教育改革《きょういくかいかく》は日《ひ》の目《め》を見《み》ずに終《お》わってしまった
もしもこの時期《じき》に義務教育《ぎむきょういく》の延長《えんちょう》が行《おこな》われていたらどうなっていただろう
これから先《さき》の日本《にほん》の運命《うんめい》も少《すこ》しは変《か》わっていたかもしれない

教育《きょういく》こそが日本《にほん》をつくる

1927(昭和《しょうわ》2)年《ねん》 甲南高等学校《こうなんこうとうがっこう》に 釟三郎《はちさぶろう》の念願《ねんがん》だった 大食堂《だいしょくどう》が完成《かんせい》した
イギリスの パブリックスクールで 見《み》て以来《いらい》いつかつくろうと 思《おも》っていたのだ
ここでは生徒《せいと》と 教員《きょういん》が一堂《いちどう》に会《かい》して 昼食《ちゅうしょく》をとった
教員《きょういん》は生徒《せいと》たちの 間《あいだ》にすわり 会話《かいわ》がはずんだのは いうまでもない
日々忙《ひびいそが》しかった 釟三郎《はちさぶろう》ではあったが
となり いいかい?
平生《ひらお》さん!
仕事《しごと》のあいまを 見《み》ては 生徒《せいと》たちと一緒《いっしょ》に 昼食《ちゅうしょく》を楽《たの》しんだ

真《しん》の人間《にんげん》をつくる教育《きょういく》

甲南幼稚園《こうなんようちえん》・小学校《しょうがっこう》、甲南中学校《こうなんちゅうがっこう》・高等学校《こうとうがっこう》、甲南女子中学校《こうなんじょしちゅうがっこう》・高等学校《こうとうがっこう》、甲南大学《こうなんだいがく》、甲南《こうなん》女子大学《じょしだいがく》では平生釟三郎《ひらおはちさぶろう》の教育理念《きょういくりねん》を共有《きょうゆう》し、公平《こうへい》・正直《しょうじき》・勇気《ゆうき》・共同性《きょうどうせい》という徳性《とくせい》を涵養《かんよう》し、各人《かくじん》の天分《てんぶん》を引《ひ》き出《だ》す知性《ちせい》の育成《いくせい》を図《はか》り、健康《けんこう》の増進《ぞうしん》にも留意《りゅうい》した、優《すぐ》れた人間教育《にんげんきょういく》を施《ほどこ》し、「世界《せかい》に通用《つうよう》する人材《じんざい》の育成《いくせい》」を目指《めざ》しています。

2011年《ねん》に創立《そうりつ》100周年《しゅうねん》を迎《むか》える甲南小学《こうなんしょうがっ》校でも、知育《ちいく》とともに人格修養《じんかくしゅうよう》と健康《けんこう》の増進《ぞうしん》を重《おも》んじる教育《きょういく》を推進《すいしん》。共働互助《きょうどうごじょ》・相互尊重《そうごそんちょう》を図《はか》るユニークな教育理念《きょういくりねん》に今《いま》も平生《ひらお》イズムが息《いき》づいています。

こんにちは平生《ひらお》さん！
おお新任《しんにん》の田中先生《たなかせんせい》！
学校《がっこう》にはなれましたか？
おかげさまで
それにしても甲南《こうなん》は本当《ほんとう》に面白《おもしろ》い学校《がっこう》ですね
この食堂《しょくどう》もそうですが
先生《せんせい》がたも実《じつ》にユニークな授業《じゅぎょう》をなされる
勉強《べんきょう》だけではなく他《ほか》の学校《がっこう》では教《おし》えないような…
生徒《せいと》たちの心《こころ》と体《からだ》を鍛《きた》えるような授業《じゅぎょう》が多《おお》いと思《おも》うのですが
なぜですか？
ニコッ
学校《がっこう》なのですから勉強《べんきょう》をするのは当《あ》たり前《まえ》で大切《たいせつ》なことだと思《おも》います
ですがいくら勉強《べんきょう》ができても体《からだ》が弱《よわ》ければ何《なに》もできません
心《こころ》と体《からだ》の教育《きょういく》もしっかりと行《おこな》ってほしいのです
「健全《けんぜん》なる精神《せいしん》は健全《けんぜん》なる肉体《にくたい》に宿《やど》る」という言葉《ことば》がありますが
知識《ちしき》はあってもそれを悪《わる》いことに使《つか》うような大人《おとな》になってほしくはないのです

心《こころ》も体《からだ》も健康《けんこう》な人間《にんげん》こそが
これからの日本《にほん》をつくっていくと
私《わたし》は信《しん》じているのです
わかりました
平生先生《ひらおせんせい》
今日《きょう》は午後《ごご》から
山田先生《やまだせんせい》と社会見学《しゃかいけんがく》に
行《い》くんですよ
ほお
そりゃ楽《たの》し
そうだ
気《き》をつけて
行《い》ってきなさい
教師《きょうし》たちは
釟三郎《はちさぶろう》の理想《りそう》を理解《りかい》して
それぞれが
個性《こせい》を大切《たいせつ》にする授業《じゅぎょう》を
行《おこな》った
英語《えいご》の原書《げんしょ》を
使《つか》った授業《じゅぎょう》や…
MATH MATICS
大阪港《おおさかこう》の
見学《けんがく》など…
また甲南《こうなん》では
正《ただ》しく生《い》きていくためには
スポーツのフェアプレー精神《せいしん》
を身《み》につけるのがよいと思《おも》い
授業《じゅぎょう》にラグビーを
取《と》り入《い》れていた

釟三郎《はちさぶろう》は感性《かんせい》・知性《ちせい》・体力《たいりょく》を育《はぐく》み人格形成《じんかくけいせい》に最適《さいてき》なラグビーが大好《だいす》きだった
ラグビーには「ノーサイド」という言葉《ことば》がある
ノーサイドとは「試合終了《しあいしゅうりょう》」という意味《いみ》だが
ふつうにゲームセットといわないところを釟三郎《はちさぶろう》は気《き》に入《い》っていた
試合《しあい》が終《お》わればすべてがノーサイド
相手《あいて》や味方《みかた》といった立場《たちば》（サイド）がなくなるそんな意味《いみ》が込《こ》められているのである
どんな相手《あいて》であってもノーサイドの瞬間《しゅんかん》から仲良《なかよ》くなれる…
そんな紳士《しんし》の条件《じょうけん》に似《に》たラグビー精神《せいしん》が釟三郎《はちさぶろう》は大好《だいす》きだった

平生《ひらお》先生《せんせい》!!
それ
返《かえ》すぞ!
世界《せかい》に通用《つうよう》する
紳士淑女《しんししゅくじょ》たれ
1945(昭和《しょうわ》20)年《ねん》
11月《がつ》27日《にち》
釟三郎《はちさぶろう》は
この世《よ》を去《さ》った

教育《きょういく》こそが
日本《にほん》をつくる
教育《きょういく》と奉仕《ほうし》に
身《み》を捧《ささ》げた
平生釟三郎《ひらおはちさぶろう》の信念《しんねん》は
今《いま》も甲南《こうなん》に
生《い》き続《つづ》けている

コラム 04

日本《にほん》とブラジルの架《か》け橋《はし》になった釟三郎《はちさぶろう》

ブラジルでの釟三郎《はちさぶろう》（前列右《ぜんれつみぎ》）

船上《せんじょう》でくつろぐ釟三郎《はちさぶろう》

ブラジル移民支援《いみんしえん》から経済使節団長《けいざいしせつだんちょう》へ

明治《めいじ》、大正《たいしょう》、昭和《しょうわ》と時代《じだい》が進《すす》むにつれて、農村人口《のうそんじんこう》は増加《ぞうか》していきました。しかし、農地《のうち》には限《かぎ》りがあり、人口《じんこう》に見合《みあ》った収穫量《しゅうかくりょう》は期待《きたい》できません。

そこで執《と》られた国《くに》による政策《せいさく》が「ブラジルへの移民《いみん》」でした。正式移民《せいしきいみん》がブラジルへと向《む》かったのは意外《いがい》と古《ふる》く、1908（明治《めいじ》41）年《ねん》のことです。この時《とき》は781人《にん》。移民《いみん》は増大《ぞうだい》していき、1930（昭和《しょうわ》5）年《ねん》からは毎年《まいとし》2万人《まんにん》もの人数《にんずう》が海《うみ》を渡《わた》ります。これにはブラジル側《がわ》の事情《じじょう》もありました。国《くに》の産業《さんぎょう》の中《ちゅう》心《しん》となるコーヒー農園《のうえん》をもり立《た》てるには、どうしても移民《いみん》の労働力《ろうどうりょく》が必要《ひつよう》だったのです。ところが、1934（昭和《しょうわ》9）年《ねん》、ブラジルは「移民《いみん》の制限《せいげん》」を憲法《けんぽう》で決《き》めます。日本《にほん》の場合《ばあい》、年間《ねんかん》で3千人《ぜんにん》ほどしか移民《いみん》を認《みと》められなくなりました。

そこで、ブラジルとの交渉《こうしょう》を任《まか》されたのが平生釟三郎《ひらおはちさぶろう》でした。釟三郎《はちさぶろう》は、その10年《ねん》ほど前《まえ》の海外視察《かいがいしさつ》でブラジルを訪《おとず》れており、わずか2週間《しゅうかん》の滞在期間《たいざいきかん》に、現地《げんち》の日系移民《にっけいいみん》の実情《じつじょう》をつぶさに見《み》て歩《ある》きました。

日本政府《にほんせいふ》も実業界《じつぎょうかい》も、移民《いみん》たちに支援《しえん》らしい支援《しえん》はしていません。日系移民《にっけいいみん》への支援《しえん》こそが自《みずか》らの使命《しめい》と感《かん》じた釟三郎《はちさぶろう》は、稲作《いなさく》やサトウキビ栽培《さいばい》が可能《かのう》な

サンパウロ州大統領《しゅうだいとうりょう》と

釟三郎購入《はちさぶろうこうにゅう》のブラジル開拓地《かいたくち》（1933年《ねん》）

土地《とち》を2千町歩《せんちょうぶ》（約《やく》2千《せん》ヘクタール）、1万《まん》2千円《せんえん》で購入《こうにゅう》しました。ここを移《い》民《みん》に提供《ていきょう》し、収益《しゅうえき》が上《あ》がった後《あと》に彼《かれ》らに買《か》ってもらうという計画《けいかく》を立《た》てたのです。帰国《きこく》してからも、海外移住組合連合会会長《かいがいいじゅうくみあいれんごうかいかいちょう》、ブラジル拓殖組合理事長《たくしょくくみあいりじちょう》などに就《つ》き、ブラジル移民《いみん》の生活向上《せいかつこうじょう》などに努《つと》めていたのです。

そうした実績《じっせき》を買《か》われて、釟三郎《はちさぶろう》は経済使節団《けいざいしせつだん》の団長《だんちょう》に選《えら》ばれました。

昭和天皇《しょうわてんのう》に「あんた」と呼《よ》びかける

釟三郎《はちさぶろう》は1935（昭和《しょうわ》10）年《ねん》、半年《はんとし》を超《こ》えるブラジル滞在《たいざい》の間《あいだ》に精力的《せいりょくてき》にブラジル政府《せいふ》と交渉《こうしょう》をつづけ、日本《にほん》が大量《たいりょう》の綿花《めんか》を輸入《ゆにゅう》することを約束《やくそく》します。こうして日本《にほん》とブラジルの貿易《ぼうえき》が盛《さか》んになることで、日本人移民《にほんじんいみん》の受《う》け入《い》れも今《いま》まで通《どお》り行《おこな》われるようになったのです。

帰国《きこく》した釟三郎《はちさぶろう》は、昭和天皇《しょうわてんのう》にブラジルとの貿易《ぼうえき》について御進講《ごしんこう》（天皇《てんのう》への講義《こうぎ》）をする機会《きかい》を与《あた》えられます。その時《とき》、質問《しつもん》した昭和天皇《しょうわてんのう》に対《たい》して、釟三《はちさぶ》郎《ろう》は「そんなこと言《い》うたかて、あんた、ブラジルのような広《ひろ》い国《くに》では……」と答《こた》えたそうです。天皇《てんのう》に向《む》かって「あんた」と呼《よ》びかけるなど、この時代《じだい》には考《かんが》えられません。それなのに、天皇《てんのう》も周囲《しゅうい》の人《ひと》もまったく気《き》にならなかったのは、温《あたた》かい人柄《ひとがら》の釟三郎《はちさぶろう》ならではといえるでしょう。その後《ご》、御進講《ごしんこう》の方法《ほうほう》が平生式《ひらおしき》になったといわれています。

コラム 05

甲《こう》南《なん》が生《う》んだ個《こ》性《せい》豊《ゆた》かな紳《しん》士《し》・淑《しゅく》女《じょ》たち

坂田昌一《さかたしょういち》

貴志康一《きしこういち》

長谷川三郎《はせがわさぶろう》

画《が》家《か》、作《さっ》家《か》、音《おん》楽《がく》家《か》……、女《じょ》性《せい》の活《かつ》躍《やく》も目《め》覚《ざ》ましく

平生釟三郎《ひらおはちさぶろう》が理想《りそう》とした「個性《こせい》を尊重《そんちょう》し伸《の》ばす教育《きょういく》」は、幼稚園《ようちえん》から大学《だいがく》まで甲南《こうなん》の各校《かくこう》にその遺伝子《いでんし》が受《う》け継《つ》がれ、優《すぐ》れた卒業生《そつぎょうせい》を生《う》み出《だ》しています。

文化《ぶんか》・芸術界《げいじゅつかい》で活躍《かつやく》した人物《じんぶつ》として甲南高等学校《こうなんこうとうがっこう》・中学校内《ちゅうがっこうない》にギャラリーや記念室《きねんしつ》があることからもまず挙《あ》げられるのが、洋画家《ようがか》の**長谷川三郎《はせがわさぶろう》**と音楽家《おんがくか》の**貴志康一《きしこういち》**です。長谷川三郎《はせがわさぶろう》は、日本《にほん》に抽象芸術《ちゅうしょうげいじゅつ》を紹介《しょうかい》した偉大《いだい》な画家《がか》。貴志《きし》康一《こういち》は、ドイツのベルリン・フィルハーモニー管弦楽団《かんげんがくだん》を指揮《しき》し自作《じさく》の交響曲《こうきょうきょく》を演奏《えんそう》したことで知《し》られ、ヴァイオリニスト、作曲家《さっきょくか》、指揮者《しきしゃ》として天才的《てんさいてき》な才能《さいのう》を発揮《はっき》しました。

また、『戦《たたか》いすんで日《ひ》が暮《く》れて』で直木賞《なおきしょう》を受賞《じゅしょう》した作家《さっか》の**佐藤愛子《さとうあいこ》**、日本《にほん》を代表《だいひょう》するプリマドンナとして世界的《せかいてき》に活躍《かつやく》している声楽家《せいがくか》の**伊原直子《いはらなおこ》**、『古《こ》代《だい》ローマの饗宴《きょうえん》』の翻訳《ほんやく》で知《し》られるイタリア文学者《ぶんがくしゃ》の**武谷《たけや》なおみ**、『絶対音感《ぜったいおんかん》』がベストセラーになったノンフィクション作家《さっか》の**最相葉月《さいしょうはづき》**はいずれも甲南女子《こうなんじょし》中学校《ちゅうがっこう》・高等学校《こうとうがっこう》（旧甲南高等女学校《きゅうこうなんこうとうじょがっこう》）の卒業生《そつぎょうせい》。ほかにも、漫画家《まんがか》や洋画《ようが》家《か》、音楽家《おんがくか》など、甲南出身《こうなんしゅっしん》の女性《じょせい》の活躍《かつやく》ステージも実《じつ》に多彩《たさい》です。

岡田節人《おかだときんど》

中西香爾《なかにしこうじ》

織田敏次《おだとしつぐ》

経済学《けいざいがく》から医学《いがく》まで、世界的《せかいてき》な評価《ひょうか》を受《う》けた研究者《けんきゅうしゃ》たち

物理学者《ぶつりがくしゃ》の**坂田昌一**《さかたしょういち》は素粒子理論《そりゅうしりろん》の発展《はってん》に大《おお》きな足跡《そくせき》を残《のこ》しました。2008年度《ねんど》にノーベル物理学賞《ぶつりがくしょう》を受賞《じゅしょう》した小林誠《こばやしまこと》・益川敏秀《ますかわとしひで》両氏《りょうし》を育《そだ》てた功績《こうせき》も大《おお》きく評価《ひょうか》されています。**中西香爾**《なかにしこうじ》は、生物活性天然有機化合物《せいぶつかっせいてんねんゆうきかごうぶつ》の作用《さよう》メカニズムを分子《ぶんし》レベルで解明《かいめい》したことで高《たか》い評価《ひょうか》を受《う》けている化学者《かがくしゃ》。**岡田節人**《おかだときんど》は、世界《せかい》で初《はじ》めて眼《め》の水晶体細胞《すいしょうたいさいぼう》の培養《ばいよう》に成功《せいこう》した生物学者《せいぶつがくしゃ》です。中西香爾《なかにしこうじ》、岡田節人《おかだときんど》の2人《ふたり》は揃《そろ》って2007年度《ねんど》の文化勲章《ぶんかくんしょう》を受賞《じゅしょう》しています。岡田節人《おかだときんど》の旧制甲南高等学校《きゅうせいこうなんこうとうがっこう》の同級生《どうきゅうせい》で、同《おな》じく生物学者《せいぶつがくしゃ》の**金谷晴雄**《かなたにはるお》はヒトデを材料《ざいりょう》とした研究《けんきゅう》から新《しん》ホルモンの存在《そんざい》を発見《はっけん》したり、生殖《せいしょく》の内分泌機構《ないぶんぴつきこう》を解明《かいめい》しました。**角谷静夫**《かくたにしずお》は世界有数《せかいゆうすう》の数学者《すうがくしゃ》。彼《かれ》の発表《はっぴょう》した不動点定理《ふどうてんていり》は経済学《けいざいがく》やゲーム理論《りろん》において、今《いま》もひんぱんに使《つか》われています。経済学者《けいざいがくしゃ》の**内田義彦**《うちだよしひこ》は、アダム・スミス、カール・マルクス、近代日本思想史《きんだいにほんしそうし》の研究《けんきゅう》で知《し》られています。

医療界《いりょうかい》では、**織田敏次**《おだとしつぐ》が肝炎《かんえん》の予防《よぼう》、治療《ちりょう》に大《おお》きく貢献《こうけん》しました。心臓血管《しんぞうけっかん》外科医《げかい》の**須磨久善**《すまひさよし》は、日本《にほん》で初《はじ》めてバチスタ手術《しゅじゅつ》を行《おこな》った医師《いし》として、全世界《ぜんせかい》から注目《ちゅうもく》を浴《あ》びています。

このほか、釟三郎《はちさぶろう》同様《どうよう》、実業家《じつぎょうか》、政治家《せいじか》として名《な》を馳《は》せたり、芸術《げいじゅつ》、学問《がくもん》、スポーツなどさまざまな世界《せかい》で、個性豊《こせいゆた》かな卒業生《そつぎょうせい》たちが活躍《かつやく》しています。

平《ひら》生《お》釟《はち》三《さぶ》郎《ろう》略《りゃく》年《ねん》譜《ふ》

西暦《せいれき》（元号《げんごう》）／経済界《けいざいかい》での活躍《かつやく》／教育界《きょういくかい》での活躍《かつやく》／政界《せいかい》・奉仕《ほうし》での活躍《かつやく》／甲南《こうなん》の出来事《できごと》

1866（慶応《けいおう》2）年《ねん》
- 5月《がつ》22日《にち》、美濃加納《みのかのう》で永井肥前守《ながいひぜんのかみ》の家臣《かしん》田中時言《たなかときのり》の三男《さんなん》として誕生《たんじょう》

1873（明治《めいじ》6）年《ねん》
- 憲章校《けんしょうこう》（藩校《はんこう》、明治《めいじ》12年《ねん》加納小学校《かのうしょうがっこう》と改名《かいめい》）入学《にゅうがく》

1879（明治《めいじ》12）年《ねん》
- 岐阜中学校入学《ぎふちゅうがっこうにゅうがく》

1880（明治《めいじ》13）年《ねん》
- 上京《じょうきょう》

1881（明治《めいじ》14）年《ねん》
- 東京外国語学校《とうきょうがいこくごがっこう》に入学《にゅうがく》

修業《しゅぎょう》の時代《じだい》

1886（明治《めいじ》19）年《ねん》
- 東京商業学校《とうきょうしょうぎょうがっこう》（のちに高等商業学校《こうとうしょうぎょうがっこう》と改名《かいめい》）に編入学《へんにゅうがく》
- 平生忠辰《ひらおただたつ》（旧岸和田藩士《きゅうきしわだはんし》）の養子《ようし》となる

1890（明治《めいじ》23）年《ねん》
- 高等商業学校《こうとうしょうぎょうがっこう》（現《げん》一橋大学《ひとつばしだいがく》）を卒業《そつぎょう》
- 高等商業学校《こうとうしょうぎょうがっこう》の助教諭《じょきょうゆ》に就任《しゅうにん》

東京外国語学校時代《とうきょうがいこくごがっこうじだい》

青年時代《せいねんじだい》

生家《せいか》の油絵《あぶらえ》

1912（明治《めいじ》45）年《ねん》
1911（明治《めいじ》44）年《ねん》
1910（明治《めいじ》43）年《ねん》
1900（明治《めいじ》33）年《ねん》
1897（明治《めいじ》30）年《ねん》
1894（明治《めいじ》27）年《ねん》
1893（明治《めいじ》26）年《ねん》
1891（明治《めいじ》24）年《ねん》

自《じ》立《りつ》の時《じ》代《だい》

朝鮮《ちょうせん》（今《いま》の韓国《かんこく》）の仁川税関《じんせんぜいかん》に高級官吏《こうきゅうかんり》として迎《むか》えられる

3月《がつ》 大阪支店長《おおさかしてんちょう》に就任《しゅうにん》
11月《がつ》 ロンドン支店監督《してんかんとく》に赴任《ふにん》

大阪《おおさか》と神戸《こうべ》の支店長《してんちょう》を任《まか》される

東京海上保険株式会社《とうきょうかいじょうほけんかぶしきがいしゃ》に入社《にゅうしゃ》

ロンドン時代《じだい》

仁川英語塾《じんせんえいごじゅく》

甲南尋常小学校《こうなんじんじょうしょうがっこう》を創立《そうりつ》
（現《げん》・甲南小学校《こうなんしょうがっこう》）

兵庫県立神戸商業学校校長《ひょうごけんりつこうべしょうぎょうがっこうこうちょう》に就任《しゅうにん》

甲南幼稚園《こうなんようちえん》を創立《そうりつ》

仁川時代《じんせんじだい》

私費《しひ》による育英事業《いくえいじぎょう》を開始《かいし》（のちに「拾芳会《しゅうほうかい》」となる）

甲南小学校教職員《こうなんしょうがっこうきょうしょくいん》

甲南小学校《こうなんしょうがっこう》

9月《がつ》10日《にち》甲南幼稚園開園《こうなんようちえんかいえん》

財団法人《ざいだんほうじん》 甲南学園設立認可《こうなんがくえんせつりつにんか》

4月《がつ》7日《にち》甲南小学校《こうなんしょうがっこう》12名《めい》で開校式《かいこうしき》

西暦《せいれき》(元号《げんごう》)

1917(大正《たいしょう》6)年《ねん》
1918(大正《たいしょう》7)年《ねん》
1919(大正《たいしょう》8)年《ねん》
1920(大正《たいしょう》9)年《ねん》
1921(大正《たいしょう》10)年《ねん》
1922(大正《たいしょう》11)年《ねん》

自《じ》立《りつ》の時《じ》代《だい》

経済界《けいざいかい》での活躍《かつやく》

東京《とうきょう》海上《かいじょう》保険《ほけん》株式《かぶしき》会社《がいしゃ》

扶桑《ふそう》海上《かいじょう》火災《かさい》保険《ほけん》株式《かぶしき》会社《がいしゃ》取締役《とりしまりやく》

豊国《とよくに》火災《かさい》保険《ほけん》株式《かぶしき》会社《がいしゃ》取締役《とりしまりやく》

東京《とうきょう》海上《かいじょう》火災《かさい》保険《ほけん》株式《かぶしき》会社《がいしゃ》の専務《せんむ》取締役《とりしまりやく》に就任《しゅうにん》

大正《たいしょう》海上《かいじょう》火災《かさい》保険《ほけん》株式《かぶしき》会社《がいしゃ》取締役《とりしまりやく》

明治《めいじ》火災《かさい》保険《ほけん》株式《かぶしき》会社《がいしゃ》取締役《とりしまりやく》

教育界《きょういくかい》での活躍《かつやく》

甲南《こうなん》尋常《じんじょう》小学校《しょうがっこう》

大学《だいがく》設置《せっち》の構想《こうそう》を発表《はっぴょう》

甲南《こうなん》高等《こうとう》女学校《じょがっこう》の創立《そうりつ》に協力《きょうりょく》

甲南《こうなん》中学校《ちゅうがっこう》を創立《そうりつ》

甲南《こうなん》高等《こうとう》学校《がっこう》(7年制《ねんせい》)認可《にんか》

政界《せいかい》・奉仕《ほうし》での活躍《かつやく》

拾芳会《しゅうほうかい》

灘《なだ》購買《こうばい》組合《くみあい》(現《げん》・コープこうべ)創立《そうりつ》に協力《きょうりょく》し、理事《りじ》に就任《しゅうにん》

大阪《おおさか》ロータリークラブ設立《せつりつ》に参加《さんか》し、理事《りじ》に就任《しゅうにん》

甲南《こうなん》の出来事《できごと》

開校《かいこう》当時《とうじ》の甲南《こうなん》高等《こうとう》女学校《じょがっこう》

甲南《こうなん》高等《こうとう》女学校《じょがっこう》開校《かいこう》、女子《じょし》の一貫《いっかん》教育《きょういく》を実施《じっし》

財団《ざいだん》法人《ほうじん》甲南《こうなん》学園《がくえん》設立《せつりつ》認可《にんか》

財団《ざいだん》法人《ほうじん》甲南《こうなん》学園《がくえん》甲南《こうなん》中学校《ちゅうがっこう》開校《かいこう》、仮校舎《かりこうしゃ》で授業《じゅぎょう》開始《かいし》

財団《ざいだん》法人《ほうじん》甲南《こうなん》学園《がくえん》甲南《こうなん》高等《こうとう》女学校《じょがっこう》認可《にんか》

1923（大正《たいしょう》12）年《ねん》
1924（大正《たいしょう》13）年《ねん》
1925（大正《たいしょう》14）年《ねん》
1926（大正《たいしょう》15）年《ねん》
1927（昭和《しょうわ》2）年《ねん》
1928（昭和《しょうわ》3）年《ねん》
1929（昭和《しょうわ》4）年《ねん》

自《じ》立《りつ》の時《じ》代《だい》

社《しゃ》会《かい》奉《ほう》仕《し》の時《じ》代《だい》

東《とう》京《きょう》海《かい》上《じょう》火《か》災《さい》保《ほ》険《けん》株《かぶ》式《しき》会《がい》社《しゃ》の専《せん》務《む》取《とり》締《しまり》役《やく》を辞《じ》任《にん》し、取《とり》締《しまり》役《やく》に就《しゅう》任《にん》

大《たい》正《しょう》海《かい》上《じょう》火《か》災《さい》保《ほ》険《けん》株《かぶ》式《しき》会《がい》社《しゃ》会《かい》長《ちょう》に就《しゅう》任《にん》

大《おお》阪《さか》自《じ》由《ゆう》通《つう》商《しょう》協《きょう》会《かい》常《じょう》務《む》理《り》事《じ》に就《しゅう》任《にん》

旧《きゅう》制《せい》中《ちゅう》学《がっ》校《こう》第《だい》1回《かい》卒《そつ》業《ぎょう》生《せい》

甲《こう》南《なん》学《がく》園《えん》理《り》事《じ》長《ちょう》（第《だい》2代《だい》）に就《しゅう》任《にん》

兵《ひょう》庫《ご》県《けん》教《きょう》育《いく》会《かい》会《かい》頭《とう》に就《しゅう》任《にん》

甲《こう》南《なん》中《ちゅう》学《がっ》校《こう》を廃《はい》止《し》

7年《ねん》制《せい》甲《こう》南《なん》高《こう》等《とう》学《がっ》校《こう》を創《そう》立《りつ》

文《ぶん》政《せい》審《しん》議《ぎ》会《かい》委《い》員《いん》に就《しゅう》任《にん》

ロータリークラブで

財《ざい》団《だん》法《ほう》人《じん》名《めい》「財《ざい》団《だん》法《ほう》人《じん》 甲《こう》南《なん》学《がく》園《えん》私《し》立《りつ》甲《こう》南《なん》中《ちゅう》学《がっ》校《こう》」と改《かい》称《しょう》

大《だい》食《しょく》堂《どう》竣《しゅん》工《こう》

甲《こう》南《なん》中《ちゅう》学《がっ》校《こう》第《だい》1回《かい》卒《そつ》業《ぎょう》式《しき》

甲《こう》南《なん》中《ちゅう》学《がっ》校《こう》を発《はっ》展《てん》的《てき》に解《かい》消《しょう》、尋《じん》常《じょう》科《か》（中《ちゅう》学《がく》）4年《ねん》、高《こう》等《とう》科《か》3年《ねん》の7年《ねん》制《せい》甲《こう》南《なん》高《こう》等《とう》学《がっ》校《こう》開《かい》校《こう》

西暦《せいれき》（元号《げんごう》）
1931（昭和《しょうわ》6）年《ねん》
1933（昭和《しょうわ》8）年《ねん》
1934（昭和《しょうわ》9）年《ねん》
1935（昭和《しょうわ》10）年《ねん》
1936（昭和《しょうわ》11）年《ねん》
1937（昭和《しょうわ》12）年《ねん》

社《しゃ》会《かい》奉《ほう》仕《し》の時《じ》代《だい》

経済界《けいざいかい》での活躍《かつやく》

川崎造船所《かわさきぞうせんじょ》和議調整理委員《わぎちょうせいりいいん》に就任《しゅうにん》

川崎造船所社長《かわさきぞうせんじょしゃちょう》に就任《しゅうにん》

川崎造船所社長《かわさきぞうせんじょしゃちょう》を辞任《じにん》し会長《かいちょう》に就任《しゅうにん》

日本製鉄株式会社《にほんせいてつかぶしきがいしゃ》取締役会長《とりしまりやくかいちょう》に就任《しゅうにん》

豊国火災保険株式会社《とよくにかさいほけんかぶしきがいしゃ》

東京海上火災保険株式会社《とうきょうかいじょうかさいほけんかぶしきがいしゃ》

大正海上火災保険株式会社《たいしょうかいじょうかさいほけんかぶしきがいしゃ》

明治火災保険株式会社《めいじかさいほけんかぶしきがいしゃ》

ブラジル経済使節団団長《けいざいしせつだんだんちょう》としてブラジルを訪問《ほうもん》

ブラジル大統領《だいとうりょう》よりコメンダトール勲章授与《くんしょうじゅよ》

ブラジルの国情《こくじょう》について御前進講《ごぜんしんこう》

教育界《きょういくかい》での活躍《かつやく》

甲南学園理事長《こうなんがくえんりじちょう》

甲南高等学校長《こうなんこうとうがっこうちょう》に就任《しゅうにん》

政界《せいかい》・奉仕《ほうし》での活躍《かつやく》

甲南病院《こうなんびょういん》を創設《そうせつ》し、理事長《りじちょう》に就任《しゅうにん》

創建当時《そうけんとうじ》の甲南病院《こうなんびょういん》

大阪《おおさか》ロータリークラブ

文部大臣親任《もんぶだいじんしんにん》

貴族院議員《きぞくいんぎいん》に勅任《ちょくにん》

広田弘毅内閣《ひろたこうきないかく》の文部大臣《もんぶだいじん》に親任《しんにん》
（東京海上火災保険株式会社《とうきょうかいじょうかさいほけんかぶしきがいしゃ》の取締役《とりしまりやく》、川崎造船所《かわさきぞうせんじょ》の会長《かいちょう》を辞任《じにん》）

甲南《こうなん》の出来事《できごと》

甲南高等学校生徒《こうなんこうとうがっこうせいと》9名《めい》が
治安維持法違反《ちあんいじほういはん》の疑《うたが》いで検挙《けんきょ》される（白亜城事件《はくあじょうじけん》）

1938（昭和《しょうわ》13）年《ねん》
1939（昭和《しょうわ》14）年《ねん》
1940（昭和《しょうわ》15）年《ねん》
1941（昭和《しょうわ》16）年《ねん》
1942（昭和《しょうわ》17）年《ねん》
1943（昭和《しょうわ》18）年《ねん》
1944（昭和《しょうわ》19）年《ねん》
1945（昭和《しょうわ》20）年《ねん》
1947（昭和《しょうわ》22）年《ねん》
1948（昭和《しょうわ》23）年《ねん》
1951（昭和《しょうわ》26）年《ねん》
1963（昭和《しょうわ》38）年《ねん》
1995（平成《へいせい》7）年《ねん》
2003（平成《へいせい》15）年《ねん》
2011（平成《へいせい》23）年《ねん》

社《しゃ》会《かい》奉《ほう》仕《し》の時《じ》代《だい》

- 大《だい》日《に》本《ほん》産《さん》業《ぎょう》報《ほう》国《こく》会《かい》会《かい》長《ちょう》に就《しゅう》任《にん》
- 日《に》本《ほん》製《せい》鉄《てつ》株《かぶ》式《しき》会《がい》社《しゃ》取《とり》締《しまり》役《やく》会《かい》長《ちょう》を辞《じ》任《にん》して取《とり》締《しまり》役《やく》社《しゃ》長《ちょう》に就《しゅう》任《にん》
- 大《たい》政《せい》翼《よく》賛《さん》会《かい》総《そう》務《む》就《しゅう》任《にん》
- 勲《くん》一《いっ》等《とう》旭《きょく》日《じつ》菊《きっ》花《か》大《だい》綬《じゅ》章《しょう》を受《じゅ》勲《くん》
- 鉄《てっ》鋼《こう》統《とう》制《せい》会《かい》会《かい》長《ちょう》に就《しゅう》任《にん》
- 日《に》本《ほん》商《しょう》工《こう》会《かい》議《ぎ》所《しょ》顧《こ》問《もん》に就《しゅう》任《にん》

平《ひら》生《お》釟《はち》三《さぶ》郎《ろう》の墓《はか》

勲《くん》一《いっ》等《とう》旭《きょく》日《じつ》大《だい》綬《じゅ》章《しょう》をつけ正《せい》装《そう》で

- 甲《こう》南《なん》高《こう》等《とう》学《がっ》校《こう》長《ちょう》退《たい》任《にん》式《しき》
- 甲《こう》南《なん》高《こう》等《とう》学《がっ》校《こう》第《だい》6代《だい》校《こう》長《ちょう》就《しゅう》任《にん》

甲《こう》南《なん》高《こう》等《とう》学《がっ》校《こう》長《ちょう》時《じ》代《だい》

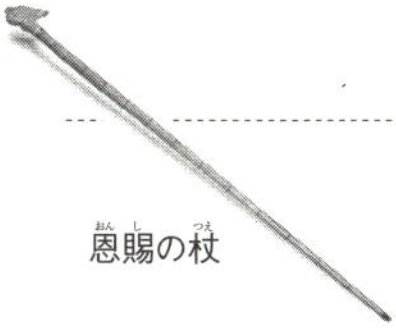
恩《おん》賜《し》の杖《つえ》

- 枢《すう》密《みつ》顧《こ》問《もん》官《かん》に親《しん》任《にん》
- 如《じょ》水《すい》会《かい》理《り》事《じ》長《ちょう》

阪《はん》神《しん》大《だい》水《すい》害《がい》後《ご》の復《ふっ》興《こう》事《じ》業《ぎょう》

- 甲《こう》南《なん》小《しょう》学《がっ》校《こう》空《くう》襲《しゅう》で校《こう》舎《しゃ》全《ぜん》焼《しょう》
- 甲《こう》南《なん》高《こう》等《とう》学《がっ》校《こう》出《しゅつ》陣《じん》学《がく》徒《と》の壮《そう》行《こう》会《かい》を挙《きょ》行《こう》
- 7月《がつ》に阪《はん》神《しん》地《ち》方《ほう》風《ふう》水《すい》害《がい》住《すみ》吉《よし》川《がわ》が氾《はん》濫《らん》していずれの学《がっ》校《こう》も土《ど》砂《しゃ》等《とう》の被《ひ》害《がい》を受《う》ける

甲《こう》南《なん》の出《で》来《き》事《ごと》

- 1945年：東《とう》京《きょう》都《と》目《め》黒《ぐろ》区《く》洗《せん》足《ぞく》にて永《えい》眠《みん》
- 学《がく》園《えん》葬《そう》を講《こう》堂《どう》において挙《きょ》行《こう》
- 1947年：教《きょう》育《いく》制《せい》度《ど》改《かい》革《かく》で7年《ねん》制《せい》甲《こう》南《なん》高《こう》等《とう》学《がっ》校《こう》は後《のち》に、尋《じん》常《じょう》科《か》が甲《こう》南《なん》中《ちゅう》高《こう》等《とう》学《がっ》校《こう》に、高《こう》等《とう》科《か》が甲《こう》南《なん》大《だい》学《がく》に
- 1948年：甲《こう》南《なん》中《ちゅう》高《こう》等《とう》学《がっ》校《こう》開《かい》校《こう》
- 財《ざい》団《だん》法《ほう》人《じん》甲《こう》南《なん》女《じょ》子《し》学《がく》園《えん》設《せつ》立《りつ》
- 1951年：甲《こう》南《なん》大《だい》学《がく》開《かい》学《がく》
- 学《がっ》校《こう》法《ほう》人《じん》甲《こう》南《なん》女《じょ》子《し》学《がく》園《えん》設《せつ》立《りつ》
- 1963年：甲《こう》南《なん》女《じょ》子《し》大《だい》学《がく》開《かい》学《がく》
- 1995年：阪《はん》神《しん》・淡《あわ》路《じ》大《だい》震《しん》災《さい》で甲《こう》南《なん》大《だい》学《がく》と甲《こう》南《なん》高《こう》等《とう》学《がっ》校《こう》が特《とく》に壊《かい》滅《めつ》的《てき》な被《ひ》害《がい》を受《う》けたが復《ふっ》興《こう》
- 2003年：甲《こう》南《なん》小《しょう》学《がっ》校《こう》、甲《こう》南《なん》高《こう》等《とう》学《がっ》校《こう》・中《ちゅう》学《がっ》校《こう》、甲《こう》南《なん》女《じょ》子《し》中《ちゅう》学《がっ》校《こう》・高《こう》等《とう》学《がっ》校《こう》が環《かん》境《きょう》教《きょう》育《いく》指《し》定《てい》校《こう》になる
- 2011年：9月《がつ》10日《か》　甲《こう》南《なん》小《しょう》学《がっ》校《こう》・甲《こう》南《なん》幼《よう》稚《ち》園《えん》が創《そう》立《りつ》100周《しゅう》年《ねん》をむかえる

あとがき

「正《ただ》しく強《つよ》く朗《ほが》らかに」――。シンプルなこの言葉《ことば》には、平生釟三郎《ひらおはちさぶろう》が生涯貫《しょうがいつらぬ》いた正義《せいぎ》と自由《じゆう》への信念《しんねん》が込《こ》められています。

実業家《じつぎょうか》として多忙極《たぼうきわ》まる日々《ひび》をおくりながらも、甲南《こうなん》という理想《りそう》の学園《がくえん》をつくりあげ、政治家《せいじか》としても奉仕家《ほうしか》としても、すべてに全力《ぜんりょく》で取《と》り組《く》み功績《こうせき》を残《のこ》した平生釟三郎《ひらおはちさぶろう》。彼《かれ》が生《い》きたのは慶応《けいおう》から昭和《しょうわ》の時代《じだい》ですが、混迷《こんめい》する現代《げんだい》にこそ、彼《かれ》の生《い》き方《かた》を世《よ》に問《と》いただす意味《いみ》がある、私《わたし》たちはそう信《しん》じています。

また本書《ほんしょ》は史実《しじつ》に基《もと》づいて描《か》き下《お》ろされたものですが、漫画《まんが》としての性格上《せいかくじょう》、一部《いちぶ》脚色《きゃくしょく》が加《くわ》えられています。

本書《ほんしょ》をお読《よ》みいただくことで、信念《しんねん》を貫《つらぬ》いたゆえに歴史《れきし》に封印《ふういん》された平生《ひらお》さん（甲《こう》南関係者《なんかんけいしゃ》は平生先生《ひらおせんせい》ではなくこう呼《よ》びます）という人物《じんぶつ》について、1人《ひとり》でも多《おお》くの方《かた》に知《し》っていただければ幸《さいわ》いです。

最後《さいご》に、本書《ほんしょ》を制作《せいさく》するにあたって甲南学園史資料室《こうなんがくえんししりょうしつ》には、資料提供《しりょうていきょう》をはじめ、多《た》大《だい》なるご協力《きょうりょく》をいただきました。ここに深《ふか》く感謝申《かんしゃもう》し上《あ》げます。

2010年《ねん》3月《がつ》　平生漫画《ひらおまんが》プロジェクト

【著者紹介】
平生漫画プロジェクト

甲南の創立者である平生釟三郎をこよなく愛し、その人生と考え方を漫画化することで、子どもから大人にまで、わかりやすく伝えることを目的に結成。
2011年に甲南小学校・幼稚園が100周年を迎えることを機に、学園の創立者というだけでなく、理想を掲げ続けた偉大な教育者として、またスケールの大きな経済人、政治家としての姿も広く一般に知ってもらうことを目指し活動中。

平生漫画プロジェクトメンバー：【甲南小学校・幼稚園】大谷彰良、藤田准一、祢津芳信、伊藤和子、山口兼司、浅川功治、綿谷繁　【甲南高等学校・中学校】松田博志、日野博文【甲南大学】安西敏三、大野愛子　【甲南女子中学校・高等学校】長尾きぬ代、三宅広明

●学校法人甲南学園甲南小学校（甲南小学校・幼稚園）
http://www.konan-es.ed.jp/

●学校法人甲南学園（甲南高等学校・中学校、甲南大学）
http://www.konan-u.ac.jp/

●学校法人甲南女子学園（甲南女子中学校・高等学校、甲南女子大学）
http://konan-gs.ed.jp/

編集協力　株式会社電通 関西支社・株式会社インターフェース
シナリオ　山村基毅
作　　画　株式会社コミアル

【主な参考文献】

『平生釟三郎自伝』平生釟三郎 著・安西敏三 校訂（1996年、名古屋大学出版会）
『世界に通用する紳士たれ　平生釟三郎・伝』小川守正・上村多恵子 著（1999年、燃焼社）
『続 平生釟三郎・伝　昭和前史に見る武士道』小川守正 著（2005年、燃焼社）
『平生釟三郎追憶記』津島純平 編（1950年、拾芳会）
『新 平生釟三郎のことば』甲南学園平生釟三郎研究会 編（2005年、甲南学園）
『平生釟三郎の人と思想』（1993年、甲南大学総合研究所）
『平生釟三郎　――人と思想――』（1999年、甲南学園）
『平生釟三郎　――人と思想Ⅱ――』（2003年、甲南学園）
『大地に夢求めて　――ブラジル移民と平生釟三郎の軌跡――』小川守正・上村多恵子 著（2001年、神戸新聞総合出版センター）
『関西モダニズム再考』竹村 民郎・鈴木 貞美 編（2008年、思文閣出版）
『阪神間モダニズム』「阪神間モダニズム」展実行委員会 著（1997年、淡交社）
『阪神地方水害記念帳　復刻版』甲南大学阪神大震災調査委員会 編著（1996年、神戸新聞総合出版センター）

マンガ 平生釟三郎 正しく 強く 朗らかに

2010年3月24日　第1刷発行

著　　者　平生漫画プロジェクト

発 行 人　久保田貴幸

発 行 元　株式会社 幻冬舎メディアコンサルティング
〒151-0051　東京都渋谷区千駄ヶ谷4-9-7
電話03-5411-6440（編集）

発 売 元　株式会社 幻冬舎
〒151-0051　東京都渋谷区千駄ヶ谷4-9-7
電話03-5411-6222（営業）

印刷・製本　イシイ株式会社

検印廃止

ISBN 978-4-344-99721-9　C0037
幻冬舎メディアコンサルティングHP　http://www.gentosha-mc.com/